Jürgen Spieß

Jesus für Skeptiker

R. BROCKHAUS

RB*taschenbuch Bd. 611*

7. Auflage 2002

© 1990 R. Brockhaus Verlag Wuppertal
Umschlaggestaltung: Dietmar Reichert, Dormagen
Umschlagfoto: Lili K./ZEFA, Düsseldorf
Gesamtherstellung: Breklumer Druckerei Manfred Siegel KG
ISBN 3-417-20611-1
Bestell-Nr. 220 611

INHALT

Vorwort zur 7. Auflage

Glaube und Skepsis

Muß es nicht heißen Glaube *oder* Skepsis? Gibt es nicht auf der einen Seite die religiös-subjektiv Glaubenden und auf der anderen Seite die wissenschaftlich-objektiven Skeptiker? Was bedeutet Glaube, was Skepsis?

Das Buch befaßt sich mit Definitionen von »Glaube« und »Skepsis« und behandelt sowohl intellektuelle als auch existentielle Skepsis. Es fragt darüber hinaus nach dem Verhältnis von Glaube und Skepsis in Bezug auf den christlichen Glauben: Wie zuverlässig sind die Berichte von der Auferstehung von Jesus Christus? Was ist generell von den Wunderberichten des Neuen Testaments zu halten? Wo ist Gott im Leid? Hört er unser Gebet?

Das Buch enthält einige Jesus-Sätze für Skeptiker und zeigt, daß Jesus auch Skeptiker ernstgenommen hat. Die Tragfähigkeit dieser Aussagen erfahre ich, indem ich sie ausprobiere, denn es gibt kein Leben aus der Distanz. So wie es keine Freundschaft und keine Liebe aus der Distanz gibt, so gibt es auch keine Gottesbegegnung aus der Distanz.

Die bisherigen sechs Auflagen innerhalb weniger Jahre zeigen das Interesse an diesen Fragen. Mein Wunsch ist, daß auch die 7. Auflage hilft, zur richtigen Mischung von Glaube und Skepsis zu kommen.

Jürgen Spieß

Verlust der Gewißheit

Niemand von uns hat seine Vorstellungen vom Leben, von Gott und der Welt aus sich selbst. Wir haben sie übernommen – von unseren Eltern, Lehrern, Freunden und aus Büchern. Familiensprüche haben diese Vorstellungen entscheidend geprägt. »So etwas tut man nicht.« »Was sollen nur die Leute von uns denken?« »Das Leben ist ein harter Kampf.« Manche der Sprüche waren persönlich ermutigend: »Du schaffst das schon«, manche eher entmutigend: »Aus dir wird nie etwas.«

Den Lebensabschnitt, in dem wir uns über das Leben und unsere Lebensziele bewußt Gedanken machen, beginnen wir nicht als unbeschriebene Blätter. An unserem Charakter (griechisch: das Geprägte) wurde bereits gearbeitet.

Als ich zum ersten Mal darüber nachdachte, welcher Spruch mich in besonderer Weise geprägt hatte, kam mir mein Vater in den Sinn. Wenn ein Politiker im Fernsehen sprach, sagte er: »Das ist alles gelogen.« Wenn die Mutter erzählte, was die Nachbarin sagte, hörte ich den gleichen Spruch: »Alles gelogen.« Dieser Satz hat mich sehr geprägt. Ich bin ein Skeptiker geworden.

Skepsis heißt, etwas prüfend aus der Distanz betrachten. Man muß zweifeln. Man muß skeptisch sein. Menschen können lügen, können sich täuschen. Es ist nicht alles wahr. Selbst Fernsehbilder können zuweilen eine Täuschung sein.

Totale Skepsis würde bedeuten, alles zu bezweifeln. Die klassischen Sätze der totalen Skepsis wurden von Gorgias im 5. Jahrhundert vor Christus formuliert: 1. Es gibt nichts. 2. Wenn es etwas gäbe, so könnten wir es nicht erkennen.

3. Wenn es etwas gäbe und es erkennbar wäre, könnten wir es doch den anderen nicht sagen.[1]

Das ist die totale Skepsis. Sie ist nicht lebbar. Manche Dinge kann man zwar denken, aber nicht leben. Es gibt kein Leben aus der Distanz. An bestimmten Punkten müssen wir unsere Distanz aufgeben. Das tun wir auch. So wie es den Satz von der Erhaltung der Energie gibt, gibt es auch den Satz von der Erhaltung der Naivität.[2] Wer in einigen Dingen total skeptisch ist, etwa der Bibel gegenüber, der ist in anderen Bereichen oft außerordentlich leichtgläubig oder naiv. Er vertraut zum Beispiel der Wissenschaft oder dem Urteil seiner Freunde. Totale Skepsis ist für niemanden lebbar. Wir können nicht alles *nur* prüfend aus der Distanz betrachten. Wenn wir leben wollen, müssen wir unsere Distanz aufgeben.

Das tun wir auch beständig. Dafür gibt es ein schönes Wort: Wir *verlassen uns*. Wir verlassen uns auf andere Menschen, auf unsere Eltern, die uns erklärt haben, wie das Leben ist, auf Lehrer, auf Freunde.[3] Sie helfen uns, ein eigenes Lebenskonzept zu bekommen. Niemand von uns hat sein Lebenskonzept aus sich selbst, wir haben es zunächst einmal übernommen. Wir verlassen uns auf das, was andere gesagt haben. Anders können wir auch gar nicht leben. Wir müssen uns irgendwie festlegen, uns auf etwas einlassen, uns binden. Ein schöner Spruch heißt: »Wer nach allen Seiten offen ist, kann nicht ganz dicht sein.« Es gibt ja Menschen, die gerne nach *allen* Seiten offen sein möchten, als eine positive Lebenseinstellung. Aber das können wir nicht. Das lateinische Wort »konkret« heißt eigentlich »verdichten«. Man könnte also auch sagen: Wer nach allen Seiten offen ist, kann nicht konkret sein. In allen Beziehungen und Entscheidungen werden wir verbindlich. Wenn wir zu jemand etwas sagen und es tun, wenn wir ja oder nein antworten, gehen wir Verbindlichkeiten ein. In dem Moment geben wir unsere Skepsis auf. Wir lassen uns auf etwas ein.

Helmut Schelsky nannte die Nachkriegsgeneration die »skeptische Generation«.[4] Er beschrieb das so: Die erste Generation dieses Jahrhunderts war die sogenannte Wandervogelbewegung, die frühen Grünen, die mit der Klampfe in den Wald zogen und freundliche Lieder sangen, einigermaßen unpolitisch waren, aber dann in den Ersten Weltkrieg ziehen mußten (manche taten das begeistert). Als nächste kam eine Jugend, die außerordentlich politisiert war, und zwar eher rechts; sie fand sich im Zweiten Weltkrieg wieder. Und dann eine dritte Jugend, die weder rechts noch links war und auch nicht mehr politisch, die »skeptische Generation«, die sich auf nichts mehr einlassen wollte. Wir sind wohl heute Kinder dieser skeptischen Generation.

Zur Skepsis gehört, wie der polnische Philosoph Kolakowski schreibt, der »Verlust der Gewißheit«: »Ein Gott, der einst die wohletablierte Ordnung der Werte, der sozialen Verhältnisse, der Regeln des Denkens, des physischen Weltalls bestätigte und der als Gewölbe dieser Ordnung galt, ist nicht mehr da, weil keine solche Ordnung mehr sichtbar ist. Solange die Menschen der Dauerhaftigkeit dieser Ordnung vertrauen konnten, hatten auch die Gottlosen ihren Ort darin ... Zum Gegensatz zu der gemütlichen, durch die wohlwollende, freundliche Natur geschützten Welt des aufklärerischen Atheismus wird die gottlose Welt von heute als ein bedrückendes, ewiges Chaos wahrgenommen. Sie ist jeden Sinnes, jeder Richtung, jeder Orientierungszeichen, jeder Struktur beraubt.«[5]

»Verlust der Gewißheit« ist die Kehrseite der Skepsis. Das bedeutet auch, daß es einen fröhlichen Atheismus wie im 18. Jahrhundert nicht mehr gibt. Damals waren viele Atheisten froh und dankbar, Gott los zu sein. Sie jubelten darüber. In Texten von Atheisten des 20. Jahrhunderts wie Sartre, Camus oder Kafka kommt dagegen keine rechte Freude auf, weil die Gewißheit verlorengegangen ist. Man versucht, sich momentan damit zu behelfen, daß man sagt: Es gibt nicht *eine* Wahrheit, sondern *viele* Wahrheiten. Der eine hat diese, der andere eine andere. Man macht also aus der Not eine Tugend. Viele nennen das Toleranz, obwohl es wahrscheinlich besser mit dem Begriff der Indifferenz zu bezeichnen wäre, mit Gleichgültigkeit.[6] Denn tolerieren, das heißt eine andere Meinung stehen lassen, kann man nur dann, wenn man selbst eine Meinung hat.

In diesem Buch soll es um christliche Antworten auf skeptische Fragen gehen. Was ist zum Beispiel der Grund für die Hoffnung der Christen? Wenn die ersten Christen auf Fragen von Skeptikern antworteten, nannten sie das: Rechenschaft über ihre Hoffnung abgeben (1. Petrus 3,15).

Ohne Hoffnung kann niemand leben, auch nicht der Skeptiker. Ein lateinisches Sprichwort heißt: »Solange der Mensch lebt, hofft er.« Das kann man auch umdrehen: Ein Mensch ist so lebendig, wie seine Hoffnung stark ist.

Hoffnung setzt uns in Bewegung. Deshalb wollen wir uns als erstes diesem Stichwort zuwenden.[7]

Was gehört zu einer Hoffnung?

Freude

Hoffnung ist immer mit *Freude* verbunden. Im Griechischen war das Wort für Hoffnung einfach *Erwartung*. Wenn wir heute von Hoffnung sprechen, gebrauchen wir es im Positiven. Wir hoffen auf etwas, das gut für uns sein wird. Erwarten kann man auch schlechte Dinge. Wer erwartet, daß er die Prüfung nicht besteht, hofft möglicherweise (hoffentlich!) nicht darauf. Also sind *Erwartung* und *Hoffnung* unter Umständen etwas Verschiedenes.

Von außen

Von Hoffnung sprechen wir bei etwas, was wir nicht selbst machen können, was nicht in unserer eigenen Verfügung steht. Wenn man sich Wörterbücher der marxistischen Philosophie ansieht, fällt auf: Da fehlt der Begriff der Hoffnung. Das liegt nicht daran, daß die Marxisten keine Hoffnung hätten, sondern ist die Folge einer philosophischen Vorentscheidung: Man hofft nicht auf das, was man selber herstellen kann. Wenn die klassenlose Gesellschaft auf wissenschaftlichem oder anderem Wege sowieso kommt, ist sie keine Frage der Hoffnung, wie etwas, das wir nicht selbst machen können. Als der Marxist Ernst Bloch ein Buch über Hoffnung schrieb, mußte er die DDR verlassen (1957). Hoffnung ist keine marxistische Kategorie.

An zwei Beispielen soll deutlich werden, daß wir nicht von Hoffnung sprechen, wenn wir das »Erhoffte« selbst tun können. Wenn der Vater zum Sohn sagt: »Ich hoffe, daß du in der Schule fleißiger wirst«, ist das der echte Hoffnungsbegriff. Wenn der Sohn antwortet: »Ich hoffe das auch«, kann man einige Bedenken anmelden. – Wenn wir zu einem Schreiner gehen, bei ihm einen Schrank von der und der Größe bestellen, und er sagt, er hoffe, er werde das so machen, werden wir wahrscheinlich den Schreiner wechseln. Von *Hoffnung* sprechen wir nur bei Dingen, die außerhalb unserer Verfügung liegen. Wir hoffen auf etwas, das von außen auf uns zukommt.

Der Grund

Es ist nicht nur interessant, *was* Leute hoffen, sondern ebenso, *wie* sie das *begründen*. Wie begründet jemand, daß er glaubt, er bestehe die Prüfung oder er habe am Ende des Monats noch Geld? Ich denke, die Begründung der meisten Menschen für ihre Hoffnungen und Wünsche ist einfach Statistik. Die meisten würden auf die Frage: »Wie begründest du das?« antworten: »Das ist eben so. Die meisten Leute machen das auch so; meistens trifft das doch ein!« Wobei man allerdings sagen muß, daß jeder die Statistik zu seinen eigenen Gunsten auslegt.

Nehmen wir ein Extrembeispiel: Ein Kettenraucher sitzt nach seiner siebzigsten Zigarette am Samstagabend vor der Ziehung der Lottozahlen im Fernsehen. Er steht vor einem gewissen Statistikproblem. Er könnte sich ja jene Statistik vergegenwärtigen, nach der jeder tausendste Kettenraucher an Lungenkrebs stirbt. Er könnte sich auch an der anderen Statistik hochziehen, nach der jeder Dreizehnmillionste Wettschein sechs Richtige hat. Nehmen wir an, wir legen ihm diese beiden Statistiken vor. Er entgegnet: »Mit dem Lungenkrebs, das ist ja nur einer von Tausend! Es gibt ja mindestens 999, die trifft es nicht. Warum soll ausgerechnet ich der eine sein?!« Dann erinnern wir ihn: »Aber jetzt schaust du auf die Lottozahlen! Du willst doch nicht im Ernst glauben, daß du der Dreizehnmillionste bist?« - »Stimmt«, wird er erwidern, »aber einer ist es jeden Samstag. Warum nicht ich?«

Ich denke, daß wir zwar mit der Statistik leben, sie aber grundsätzlich zu unseren Gunsten auslegen.

Tragfähigkeit

Hoffnung muß sich in extremen Situationen bewähren, wenn sie wirklich Hoffnung sein soll – Hoffnung für unser Leben und für das Leben anderer. Hoffnung braucht nicht nur einen Inhalt, sondern vor allen Dingen auch *Tragfähigkeit*, wenn es schwierig wird.

Jürgen Habermas hat einmal gesagt, angesichts von Einsamkeit, Schuld, Leid und Tod sei die Lage des Menschen prinzipiell trostlos.[8] Das ist Hoffnungslosigkeit. Mit diesen vier Worten *Einsamkeit, Schuld, Leid* und *Tod* hat er aber auch die Grenzbereiche angegeben, innerhalb derer sich Hoffnung bewähren muß. Es hätte ja keinen Sinn, zu sagen: Unsere Hoffnung hat mit diesen vier Erfahrungen nichts zu tun. Das wäre zu wenig, nur ein trügerischer Trost, weil diese Erfahrungen irgendwann einmal auf uns selbst zukommen können und werden.

Trost hängt mit Vertrauen zusammen (englisch: to trust). Wenn wir das Leben und die gegenwärtige Situation als trostlos bezeichnen, haben wir kein Vertrauen in die Zukunft. Getröstet ist einer, der eine Hoffnung für die Zukunft hat, gerade auch innerhalb solcher Situationen von Einsamkeit, Schuld, Leid und Tod. Wenn wir über Hoffnung nachdenken, wollen wir uns deshalb nicht ohne eine Antwort auf diese vier Fragen zufriedengeben. In der Bibel heißt es in Psalm 90: »Lehre uns bedenken, daß wir sterben müssen, auf daß wir klug werden.« Also nicht: . . . auf daß wir es mit der Angst zu tun bekommen. Es ist keine Drohung, sondern eine positive Erwartung: »Klug werden«. Gemeint ist das Wissen davon, was uns auf jeden Fall in der Zukunft betrifft.

Existentielle und intellektuelle Skepsis

Skepsis ist nicht nur eine intellektuelle Sache. Es ist auch existentiell wichtig, daß wir getröstet werden und Vertrauen in die Zukunft haben. Die *intellektuelle* Skepsis fragt nach der Beweisbarkeit Gottes, nach der Jenseitsvertröstung oder dem angeblichen religiösen Wunschdenken der Christen. Die *existentielle* Skepsis fragt: Was habe ich eigentlich von einem Gott, der existiert? Was geht mich das an? Hat Gott etwas zu tun mit meinem Leben, gerade in den schwierigen Situationen? Mit dem Leben anderer, die mir nahe sind, oder auch mit dem Leben anderer, die mir ferner sind? Hilft Gott? Kommt er irgendwie in diese Geschichte, auch in meine eigene Geschichte hinein?

Intellektuelle Skepsis ist allein nicht sinnvoll zu behandeln; wir müssen uns auch mit der existentiellen Skepsis beschäftigen, die jeder hat, spätestens dann, wenn er von Leid bewegt wird. Ich selbst stand vor einer Reihe von Jahren vor massiven Fragen, als nach einem Verkehrsunfall meine Frau und unser Kind ums Leben gekommen waren. Da waren nicht nur Fragen des Verstandes wichtig, sondern auch die existentiellen Fragen. Wie kann es weitergehen? Was bleibt mir jetzt noch für eine Hoffnung?

Wenn wir nicht wissen, was wahr ist, und wenn wir sowieso sterben müssen – was hat dann überhaupt einen Sinn im Leben? Als Schüler und Student habe ich mich mit diesen Fragen herumgeschlagen. Wofür soll ich mein Leben einsetzen, wofür lohnt es sich? Vier Jahre Studium und dann die Jahre im Beruf – soll das mein Leben sein? Was hat Bestand, was würde am Ende meines Lebens stehen?

Ich habe mir sagen lassen, daß einige Managerschulungen mit der Frage beginnen: »Was soll auf Ihrem Grabstein stehen?« Das ist zweifellos eine harte Schulung für den ersten Tag, aber eine wichtige. Vier Jahre Studium, vierzig Jahre Beruf, zwischendurch Sportschau . . . Ist es das, was mein Leben ausmacht? Inzwischen habe ich die Antwort gefunden, und zwar im Neuen Testament. Dort ist aus erster Hand etwas über die Grundlage der christlichen Hoffnung zu finden und über die Konsequenzen, die sich daraus ergeben.

Der Grund für die christliche Hoffnung

Die historische Person

Das Christentum ist keine Erfindung der Kirche, wie manche meinen, ungefähr so, daß es irgendwann auf einer Bischofskonferenz mit achtzehn zu fünf bei drei Enthaltungen gegründet wurde. Sondern der christliche Glaube geht auf eine historische Person und ein historisches Ereignis zurück: Auf Jesus von Nazareth, auf sein Leben, Sterben und Auferwecktwerden. Der christliche Glaube beginnt damit, daß Jesus Christus von den Toten auferstanden ist.

Paulus, einer der ersten Christen, kann schreiben: »Wenn Christus nicht auferstanden wäre, dann wäre unser Glaube sinnlos« (1. Korinther 15,17). Alles hängt an dieser Person. Es geht nicht um eine Lehre oder um eine Theorie, also um Kopfwissen, sondern darum, daß ein Mensch, Jesus von Nazareth, gelebt und bestimmte Dinge getan hat, daß er gestorben ist, von den Toten auferweckt wurde und daß das eine Bedeutung auch für unser Leben hat. Das ist nicht irgendein mirakulöses Ereignis vor einigen Jahrhunderten, sondern es hat eine Bedeutung für unser Leben.

Wunschdenken?

Es gibt viele historische Fragen, die auch Skeptiker immer wieder stellen. Ich möchte hier nur auf zwei eingehen, nämlich auf zwei Einwände gegen die Auferstehung. *Der eine Einwand:* Eine Auferstehung, die auch für uns eine Bedeutung hat, nämlich daß wir einmal von den Toten auferweckt werden, ist Wunschdenken.

Daß jemand Wünsche hat, sagt noch nichts über die

Realität dessen aus, was er wünscht. Wir kennen das aus unserem eigenen Leben ja auch. Manche Dinge, die wir uns wünschen, treffen ein, und andere nicht. Es wäre etwas paradox, zu behaupten: »Weil du dir das wünscht, ist das eine Wunschvorstellung, also gibt es das nicht.« Es müßte extra geprüft werden, ob Jesus von den Toten auferweckt worden ist, und das hat nichts mit unseren Wünschen zu tun. Es könnte ja sogar Wunschdenken sein, daß Jesus nicht von den Toten auferstanden ist. Denn damit hängt einiges zusammen, zum Beispiel die Frage des Gerichtes Gottes über die Menschen. Es könnte ja Leute geben, die sich darunter gar nichts Gutes vorstellen, daß sie sich einmal vor Gott werden rechtfertigen müssen. Vielleicht ist es nicht für jeden so verheißungsvoll, zu denken: Da gibt es jemand, der mich wirklich kennt und der mich gerecht spricht in Ewigkeit. Es könnte also Wunschdenken auf beiden Seiten sein. Kurt Marti hat einmal geschrieben: »Das könnte manchen Herren so passen, wenn mit dem Tode alles beglichen . . . bestätigt wäre für immer . . .«[9] So einfach ist das nicht. Es kommt alles noch einmal zur Sprache.

Dummheit

Der zweite Einwand, der in der Frage der Auferweckung oft gebraucht wird, lautet: »Es sind so alte Dokumente, das Geschehen liegt viele Jahrhunderte zurück, und die Leute damals waren eben leichtgläubiger als wir heute. Wir haben die Aufklärung hinter uns, uns kann man so etwas nicht mehr erzählen.« Wir sollten die Menschen damals nicht für dümmer halten, als wir es sind. Wenn man Texte aus der Alten Geschichte liest, kann man durchaus feststellen: Die Menschen damals konnten unterscheiden zwischen dem, was glaubhaft, und dem, was schwer zu glauben ist; zwischen dem, was eine Reihe von Zeugen vertreten, und dem, wofür es wenige Zeugen gibt.[10]

Oder bleiben wir bei unserem Thema der Auferweckung: In der Apostelgeschichte (Kap. 17) gibt es eine Szene, wo Paulus in Athen von der Auferweckung Jesu Christi sprach und die Zuhörer ganz verschieden reagierten. Es gab drei Gruppen.

Da war einmal die Gruppe der Spötter; sie konnten sich das überhaupt nicht vorstellen. Sie waren in gewisser Weise aufgeklärt und meinten, so etwas gebe es gar nicht. »Auferstehung der Toten kann ich mir nicht vorstellen.«

Die zweite Gruppe waren die Vertager. Sie dachten, da könne etwas dran sein, man müsse immerhin einmal die Argumente prüfen, aber nicht heute. »Wir wollen die ganze Sache noch einmal verschieben.«

Die dritte Gruppe waren die, die zum Glauben kamen an Jesus Christus als dem, der von den Toten auferstanden ist.

Ich denke, daß sich über die Jahrhunderte daran nichts geändert hat. Wie damals gibt es auch heute noch diese drei Gruppen von Zuhörern – die Spötter, die Vertager und die, die zum Glauben kommen. Man soll die Leute damals nicht für dümmer halten, als wir selber gehalten werden möchten.

Das Lied vom Tod

Die Menschheitsgeschichte kann man überschreiben mit dem bekannten Filmtitel »Spiel mir das Lied vom Tod«. Beim Studium von fünftausend Jahren überlieferter Geschichte hat man den Eindruck: Die einzige Konstante war die, daß es immer Mord und Totschlag gab, zwischen einzelnen wie zwischen Völkern. Wir wissen aus unserem eigenen Leben, daß diese Todesstruktur, dieses Andere-übervorteilen-Wollen bis in unsere persönliche Umgebung hineingeht. Das Sterben beginnt viel früher; etwa dann, wenn Menschen nicht mehr miteinander reden, wenn Beziehungen abgebrochen werden. »Der ist für mich gestorben.«

Der Tod ist zweifellos eine Extremform, Beziehungen abzubrechen; einen Menschen umbringen, ist eine andere Extremform davon. Aber Haß, Rücksichtslosigkeit oder Egoismus sind schon Vorboten des Todes. Wie auch die Langeweile.

Sterben hängt mit *starr werden* zusammen. Bei manchen Leuten hat man den Eindruck, sie sind so starr, daß sie schon gar nicht mehr leben. Vielleicht nach den bekannten Worten: Das haben wir schon immer so gemacht, da könnte ja jeder kommen, wo soll das hinführen?! Vielleicht ist das der Rahmen Ihrer Familiensprüche, in denen Sie leben?

Das Lied vom Leben

Wenn wir uns das Leben Jesu ansehen, könnte man es überschreiben: »Spiel mir das Lied vom Leben«. Christliche Hoffnung heißt: Es ist schon etwas da, aber es kommt noch eine Erfüllung, die neue Welt Gottes, die er verheißen hat, ohne Leid, ohne Tod, ohne Bitterkeit, wo Gott bei uns sein wird (Offenbarung 21,3-4). Das gibt mir die Hoffnung für mein Leben und auch für andere. Die anderen sind nicht Kandidaten des Todes, sowenig wie ich das bin, sondern Kandidaten des Lebens. Gott will, daß wir leben.

Jesus Christus hat die Todesmelodie durchbrochen; er hat Menschen geheilt, hat Menschen Vergebung zugesprochen; er ist für unsere Sünden gestorben, für die Vergebung unserer Sünden. Das mag Ihnen ein bißchen komisch vorkommen; es kam den Menschen damals auch komisch vor. Wenn es Ihnen nicht mehr komisch vorkommt, liegt das daran, daß Sie sich an diese Worte als Liturgie gewöhnt haben. Aber wir müssen uns einmal überlegen, was das heißt: Ein Mensch kommt und vergibt einem anderen, der ihm gar nichts getan hat, seine Sünde!

Dazu gibt es eine Geschichte im Neuen Testament. Ein Kranker wird zu Christus gebracht, und der sagt zu ihm: »Deine Sünden sind dir vergeben.« Das ist so, wie wenn Peter Karl auf den Fuß tritt, und Franz vergibt Peter.[11] Das ist schon ein bißchen komisch. Denn wenn Peter Karl auf den Fuß tritt, ist das eine Sache zwischen Peter und Karl. Aber daß dann ein Dritter kommt und sagt: »Ich vergebe dir«, ist schon merkwürdig.

Entweder ist Jesus verrückt – das ist immerhin eine Möglichkeit; er hat vielleicht irgendeinen Vergebungszwang. Aber wenn wir lesen, wie Jesus gelebt und reagiert hat, scheint er kein Verrückter gewesen zu sein, sondern jemand, der schlagfertig reden konnte, liebevoll und freundlich zu den Menschen war und Zeit für sie hatte.

Oder es ist so, daß Jesus sich von der Sünde des anderen für den am meisten Betroffenen gehalten hat. Wenn wir diese Geschichte weiterlesen, sehen wir, daß die umstehenden Leute auch tatsächlich sagten: »Der hält sich für Gott.«

Der Gedanke dahinter ist: Wer einen Menschen bestiehlt, bestiehlt eigentlich Gott, der den Menschen geschaffen hat. Deshalb ist Gott allein in der Lage, Sünden zu vergeben. Wenn Jesus einem Menschen vergab, den er bis dahin noch nie gesehen hatte, heißt das: Er setzte sich Gott gleich. Dieses Ärgernis empfanden die Leute damals ganz genau. Wir empfinden es nicht mehr, weil wir es zu oft gehört haben. Aber das steht dahinter, wenn Christus Sünden vergibt, heilt und sagt, Begegnung mit Gott sei wieder möglich – durch ihn.

Kandidaten des Lebens

Die Todesmelodie kommt deshalb, weil der Mensch sich aus der Gemeinschaft mit Gott heraussündigt; weil er sich von dem abschneidet, der das Leben geschaffen hat und der allein das Leben ist. Die Folge des Sündenfalls ist der Brudermord (1. Mose 3-4). Es kommt sozusagen erst der religiöse Sündenfall und dann der soziale. Diese Verhältnisse bringt Jesus in Ordnung bei den Menschen, denen er heute begegnet. Und zwar durch das Ereignis der Auferweckung: Jesus ist von den Toten auferweckt worden. Das war für die Menschen von damals bis heute die Bestätigung Gottes für das, was Jesus gesagt und getan hat. Daraus ergibt sich eine neue Ethik. Der soziale Sündenfall wird geheilt. Wir sind nicht Kandidaten des Todes, sondern Kandidaten des Lebens. Ostern, die Auferweckung Jesu Christi, zeigt, daß der Tod nicht das letzte Wort hat. Das ist die Grundlage des christlichen Glaubens: Gott war sichtbar in Jesus Christus auf Erden, er hat gelebt, ist von den Toten auferweckt worden. Das ist eine feste Grundlage in Raum und Zeit. Darauf berufen sich die Christen.

Auf einem Weg sein

Der den Tod besiegt hat und von den Toten auferstanden ist, ruft die Menschen in die *Nachfolge*. Er sagt, es gebe keinen anderen Weg zu Gott als durch ihn. Nur der wird am Leben bleiben können, der sich nicht an das Vergängliche hängt, sondern sich auf den Weg begibt, den Gott gegeben hat. Christen sind Menschen auf einem Weg der Nachfolge.

Er ruft sie auf einen *Weg*, das heißt, sie sind noch nicht am Ziel. Es ist schon etwas geschehen im Leben der Christen; im Neuen Testament kann sogar stehen, daß sie »wiedergeboren sind zu einer lebendigen Hoffnung« (1. Petrus 1,3), aber sie sind noch auf dem Weg.

Man könnte die Christen bezeichnen als Menschen auf einem Weg in der Spannung – es ist schon etwas da, aber noch nicht ganz, noch nicht alles. Diese Spannung zu leben, ist Ausdruck der christlichen Hoffnung.

Hoffnungslosigkeit

Hoffnungslosigkeit würde bedeuten, daß man diese Spannung nicht aushält. Verzweiflung ist eine Form der Hoffnungslosigkeit: Man macht aus dem »Noch nicht« ein »Nicht mehr«; man sagt nicht: »Es ist noch nicht alles da«, sondern: »Es kommt auch nicht mehr.« Wenn man verzweifelt, glaubt man, die Erfüllung dessen, was Gott uns an Heilung verheißen hat, kommt nicht mehr.

Die andere Form der Hoffnungslosigkeit ist überraschenderweise die Vermessenheit. Man sagt: »Es ist schon alles da.« Das Zukünftige wird in die Gegenwart geholt.

Das ist Vorwegnahme, Vermessenheit, weil es nicht stimmt. Wir leben nicht in der besten aller Welten. Das Ziel unseres Lebens ist das ewige Leben. Dazu sind wir unterwegs. Wer sagt, es ist schon alles da in dieser Welt, löst die Spannung von Schon und Noch-nicht auf. Noch sind wir auf dem Wege. Leid- und Mangelerscheinungen zeigen uns, daß wir noch nicht am Ziel sind. Gott hat die Ewigkeit in unser Herz gelegt.

Vom Kopf in die Füße

Leben in Hoffnung dagegen heißt: *Es ist schon etwas da, aber wir sind noch auf dem Weg.* Deshalb ist ein Bild für die Hoffnung die schwangere Frau. Da ist schon etwas da, aber es ist noch nicht erfüllt. Diese Hoffnung, die dem Christen gegeben wird, bewährt sich auch in Grenzsituationen, weil sie keine Fragen ausklammert. Die Hoffnung zeigt sich auch daran, daß man Hoffnung für andere Menschen hat. Wir haben für andere Menschen nur soviel Hoffnung, wie wir sie für uns selbst haben. Wenn wir wissen, daß alle Menschen um uns herum Kandidaten des Lebens und nicht des Todes sind, werden wir sie ganz anders ansehen, als wenn wir glauben, es komme auf sie nicht an. Wir Menschen sind zum Leben geschaffen.

Der Vorwurf der Jenseitsvertröstung kann den Christen nicht treffen, sondern es ist gerade umgekehrt: Wer weiß, daß in Ewigkeit für ihn gesorgt wird, wird frei, sich loszulassen und sich für andere einzusetzen. Wer glaubt, er habe nur dieses Leben, muß es festhalten und versuchen, möglichst viel hineinzupacken. Christen können Zeit für andere geben.

Jedes Jahr im Advent kann man erleben, daß sich kleine Kinder auf große Geschenke freuen und wie sie das in Bewegung setzt. Da werden viele ganz hilfsbereit. Sie wissen, sie müssen noch ein paar Wochen durchhalten, und dann haben sie auch etwas davon. Da ist eine konkrete Hoffnung, die auf ein bestimmtes Ereignis zulebt und zuwartet.

Gebet

Das sichtbarste Zeichen der christlichen Hoffnung ist das Gebet. Das hängt damit zusammen, daß wir nur bei den Dingen von Hoffnung sprechen, die wir nicht selber machen können. Wenn Christen beten, verlassen sie sich ganz auf den, der diese Welt geschaffen hat. Sie wissen, daß sie letztlich über nichts verfügen können. Aber sie haben die Möglichkeit, zu Gott zu beten, der das Leben geschaffen hat, der die Menschen liebt, der Leben ändern kann und bei dem es keine hoffnungslosen Situationen gibt.

Allerdings – und diesen Verdacht möchte ich gleich ausräumen –, wenn Christen beten, dann leiern sie nicht zum soundsovielten Mal ihren Wunschzettel herunter, als wünschten sie sich Dinge, die sie sich sowieso nicht selbst besorgen könnten, sondern dann *leben sie in einer Beziehung.*

Beziehung

Ich möchte hier noch einmal auf die Auferweckung verweisen. Die Todesgrenze ist die stärkste Grenze aller unserer Hoffnungen. Sie wurde von Jesus vom jenseitigen Ufer her durch die Auferweckung durchbrochen. Das bedeutet: Der Grund der christlichen Hoffnung ist eine Person und nicht eine Lehre. Eine Person, ihr Handeln und ihr Reden. Zur christlichen Hoffnung gehört darum eine personale

Beziehung zu diesem Jesus Christus, der von den Toten auferweckt worden ist.

Man könnte Christen als Menschen definieren, die sich ihr Leben ohne Jesus nicht mehr vorstellen können. Deshalb sprechen sie ja davon, daß sie an ihn »glauben«. Das ist kein bloßes »Für-wahr-Halten«. Was damit gemeint ist, kann man sich an der Etymologie von »glauben« klarmachen: Glauben hängt mit *geloben* zusammen, *anverloben*, und das ist eine starke personale Beziehung.

Das Wort Verlobung ist ein Hinweis darauf, daß Glaube und Denken keine Gegensätze sind. Wer sich verlobt, gibt normalerweise das Denken nicht auf.

Wenn wir auf jemanden warten, der bisher immer zuverlässig war, aber jetzt zu spät kommt, dann heißt glauben: Wir warten auf ihn, weil wir wissen, er ist zuverlässig. Das meinen die Christen, wenn sie vom Glauben an sein Wort und seine Verheißungen sprechen. Auch vom Lateinischen her wird das deutlich. »Credere« kommt von »cor dare«, *das Herz geben*. Das ist eine gute Übersetzung des Wortes glauben. Kein bloßes Für-wahr-Halten von irgendwelchen Lehrsätzen, sondern eine personale Beziehung.

Hoffentlich hüpfend

Christliche Hoffnung ist also nicht irgendeine Kopfweisheit; man kann sie nicht wie Vokabeln oder mathematische Formeln lernen. Christliche Hoffnung beruht auf einer Person, die lebt.

Diese Hoffnung bleibt nicht im Kopf, sondern will vom Kopf ins Herz und dann in die Hände und Füße. Übrigens: Hoffen kommt vom mittelhochdeutschen »hopen«, und das bedeutet *hüpfen*. Im Wörterbuch heißt es sogar »vor

Erwartung zappeln«, »aufgeregt umherhüpfen«. Wer also hofft, der hüpft.

Ich gebe zu: Wie sich diese Hoffnung ausdrückt, ist wahrscheinlich genauso charakterbedingt wie der Ausdruck von Freude. In seinem letzten Osterbrief aus der Gefängniszelle schreibt Dietrich Bonhoeffer: »Sokrates überwand das Sterben. Christus überwand den Tod ... Mit dem Sterben fertigwerden bedeutet noch nicht mit dem Tod fertigwerden. Die Überwindung des Sterbens ist im Bereich menschlicher Möglichkeiten, die Überwindung des Todes heißt Auferstehung ... Von der Auferstehung her leben – das heißt doch Ostern. Findest Du auch, daß die meisten Menschen nicht wissen, woher sie eigentlich leben?«[12] Von der Auferweckung her leben, heißt Ostern feiern. Und wäre das kein Grund, »vor Erwartung und Freude zu zappeln«?

Jesus Christus möchte, daß wir wissen, woher wir leben, und daß wir eine Hoffnung haben, die standhält. Die keine Fragen ausklammert und auch in den schwierigen Fragen des Lebens trägt. Eine Hoffnung, die nicht träge macht, sondern in Bewegung setzt. Die vertrauensvoll und erwartungsvoll mit Jesus redet und auf der Beziehung zu ihm beruht, der als einziger den Tod überwunden hat.

Kein Frust

Das klingt Ihnen vielleicht zu formelhaft. Was können Sie tun? Um herauszubekommen, ob eine Formel stimmt, müssen Sie sie ausprobieren, anwenden. Um beispielsweise zu erfahren, ob der Satz »Ich liebe dich« mehr ist als eine Formel, muß man einen Weg mit dem Menschen gehen, einen Vertrauensvorschuß riskieren, um festzustellen: Ist dieser Mensch zuverlässig? Kann ich mich auf ihn oder sie verlassen?

In seinem Kapitel über die Auferweckung (1. Korinther 15,58) schreibt Paulus als letzten Satz: »Weil Christus auferstanden ist, ist das, was wir tun, nicht vergeblich.« Das ist ja für viele die große Anfechtung, ob nicht das, was sie in ihrem Leben tun, letztlich doch vergeblich ist. Hätte Paulus Latein geschrieben, hätte er schreiben können: »non frustra«, kein Frust. Es wird eine neue Welt Gottes geben. Das ist Gottes Verheißung: Eine neue Welt ohne Leid, ohne Tränen, ohne Tod, und wir können hier bereits mitleben und mitarbeiten.

Sagen sie nicht irgendwann: »Gut, mehr ist eben nicht, man muß sich damit abfinden und halt das Beste daraus machen.« Wenn Sie spüren: Das ist es noch nicht, was bisher mein Leben ausmachte, dann bleiben Sie auf der Suche. Es gibt eine Antwort darauf. Geben Sie sich nicht mit einem Stück des Lebens zufrieden. Jesus Christus sagt: »Ich bin gekommen, daß die Menschen das Leben haben in Fülle, im Überfluß« (Johannes 10,10). Sie sollten sich mit nichts weniger zufriedengeben.

»Die Christen müßten erlöster aussehen«

Einen Einwand gegen den christlichen Glauben hat Nietzsche klassisch formuliert: »Die Christen müßten erlöster aussehen, wenn ich an ihren Gott glauben soll.« Man kann auch sagen: »Warum sind Christen nicht nettere Menschen als Nichtchristen?«[13] Das hängt mit einem Mißverständnis zusammen. Bei einer Umfrage antwortete jemand auf die Frage »Wer ist Ihrer Meinung nach ein Christ?«: »Ein Mensch, der einer Oma über die Straße hilft.« Es ist bestimmt sehr sinnvoll, wenn Christen Omas über die Straße helfen, aber ich glaube nicht, daß es das Wesentliche des christlichen Glaubens ist.

Hinter der Frage, warum Christen nicht erkennbar nettere Menschen sind als Nichtchristen, steckt der Gedanke: Christsein hat etwas mit freundlichem, liebevollem, positivem Verhalten zu tun – aber da kenne ich Christen, die sind ganz schön übel, finstere Burschen, und Nichtchristen, die sind so freundlich.

Sind Christen nettere Menschen?

Die Leute halten das Christsein also für eine Sache der Ethik, des guten Handelns. Ist das berechtigt? Ja, denn wenn jemand Christ wird, ändert sich in irgendeiner Weise sein Verhalten. Sonst muß man befürchten, daß es für ihn nur eine Idee ist, daß Jesus Christus noch nicht in sein Leben gekommen ist und er noch nicht mit dem Herzen an ihm hängt. Wenn Jesus uns in sein Bild verwandeln will, dann sind das Veränderungen, die andere sehen. – Nicht so, daß er als Christ vor dem Spiegel steht und lächeln übt, damit die Leute sehen, wie freundlich er geworden ist. Der Glaube soll von innen heraus kommen und Ausstrahlung haben.

Und doch gibt es hier einen logischen Kurzschluß. Wer meint, Christen müßten erlöster aussehen als Nichtchristen, denkt statisch. Er teilt die Menschheit in Christen und Nichtchristen ein und vermutet, die Christen müßten alle netter und die Nichtchristen alle weniger nett sein, wenn das Christentum stimmt.

Da ist etwas verkehrt. So, als würde die Werbung behaupten: »Mit Blendax haben Sie hervorragende Zähne; alle, die Blendax nehmen, haben bessere Zähne als die, die eine andere Zahnpasta nehmen.« Jetzt kann es sein, daß ich selbst jahrelang Blendax nehme, aber wenn Sie mein Gebiß sehen – also die paar Zähne, die überhaupt noch übriggeblieben sind –, ist das ganz furchtbar!

In Wirklichkeit liegt es vor allem daran, was ich für Zähne geerbt habe. Ich kenne Leute, die benutzen überhaupt keine Zahncreme, und trotzdem haben sie sehr gute Zähne; sie machen sogar Bierflaschen mit den Zähnen auf, und es scheint nichts wegzubrechen!

Spricht das gegen Blendax? Nicht unbedingt. Man müßte sich fragen: Wie würden meine Zähne erst aussehen, wenn ich nicht einmal Blendax nähme? Auch bei Christen und Nichtchristen gibt es Voraussetzungen, die berücksichtigt werden müssen.

Voraussetzungen aus der Vergangenheit

Manche Menschen sind in einem positiven familiären Umfeld aufgewachsen. Sie konnten ihre Gaben entfalten, hatten gesundheitlich keine Probleme, haben zu Hause von frühester Kindheit an Bach und Beethoven gespielt und ein bestimmtes Kunstverständnis gewonnen. Andere sind ohne Familie aufgewachsen, haben den Sonntagmorgen in der Kneipe verbracht und sich statt um Bach und Beethoven um Beatles und Beckenbauer gekümmert. (Wogegen nichts zu sagen ist, aber es ist eine ganz andere Einstellung zum Leben.) Oder sie haben ein sehr schwermütiges Temperament oder eine Neigung zum Jähzorn, sei es als Erbanlage oder auf Grund schwieriger persönlicher Lebensumstände. Jetzt werden beide Christen. Den einen, der positiv erzogen und ein freundlicher Mensch ist, mag jeder. Den anderen, der ein schweres Leben hatte, finden die Leute schwierig, jähzornig oder depressiv.

Worauf es ankommt

»Christen sind netter als andere Menschen« – das klingt so, als wenn jemand sagt: »Seitdem ich Christ bin, bin ich jeden Morgen fröhlich.« Dieser subjektive Satz ist nicht widerlegbar. Aber ein anderer sagt: »Seitdem ich jeden Morgen zwei Spiegeleier esse, bin ich fröhlich«; das ist auch nicht widerlegbar. Dann steht es unentschieden zwischen den beiden fröhlichen Menschen. Wenn sie Fröhlichkeit als Ziel gehabt haben, hat es der eine durch Christsein erreicht und der andere durch Spiegeleier!

Hier liegt offensichtlich ein Mißverständnis vor. Das Ziel des Christentums ist nicht, daß wir fröhliche Menschen werden (das ist die subjektive Seite), sondern es geht um Erlösung, um eine objektive Seite, um etwas, was Gott getan hat, egal, ob wir uns als Christen fröhlich fühlen oder nicht.

Es gibt Menschen, die von Natur aus eher ein übersprudelndes Temperament haben und schnell ihre Freude zeigen können; andere können es nicht so. Manche Menschen sind nach außen fröhlich, aber in ihrem Inneren ist eine tiefe Zerrissenheit und Verzweiflung. Andere wirken nach außen hin ziemlich griesgrämig, aber wenn es darauf ankommt, bricht die Freude der Ewigkeit aus ihnen heraus.

Ist die Bibel glaubwürdig?

Das Christentum geht, wie wir gesehen haben (S. 15), auf ein historisches Ereignis zurück, auf die Auferweckung. Gott ist keine Idee, sondern der Gott Abrahams, Isaaks und Jakobs, der Gott, der mit konkreten Menschen eine Geschichte gehabt und in der Geschichte gehandelt hat.

Deshalb feiern die Christen zum Beispiel Ostern und den Sonntag. An diesen Tagen erinnern sie sich an die Auferweckung Jesu Christi. Die christlichen Feiertage haben ihre Stärke nicht darin, daß etwas aus der Vergangenheit bedacht wird, sondern in ihrer Zukunftsbedeutung.[14] Wenn wir von unseren Feiertagen nichts für unsere Zukunft erwarten, können wir sie auch nicht mehr feiern. Wer für seine eigene Zukunft am 1. Mai nicht viel erwartet, kann an diesem Tag eigentlich nur im Bett liegenbleiben oder ins Grüne zum Picknick fahren. Wer nicht glaubt, daß es mit seinem Leben gut ausgeht – wie kann der auf Dauer Geburtstag feiern? Bei den meisten Menschen enden Feste im Rausch. Sie erwarten für ihre eigene Zukunft nicht viel Positives. Oder denken wir an Weihnachten: Wer erwartet von Weihnachten etwas für seine Zukunft? Mancher Ausländer denkt, das sei das Fest des deutschen Einzelhandels, weil dort wirklich etwas von diesem Fest erwartet wird. Auch Kinder erwarten etwas, nämlich Geschenke.

Feste der Vergangenheit, die wir feiern, sind nur so stark wie ihr Zukunftsbezug. Das heißt, die Lebendigkeit, mit der wir den Sonntag begehen oder Ostern feiern, hängt davon ab, was wir von diesem Ereignis für unsere Zukunft erwarten. Weil der christliche Glaube auf historischen Ereignissen beruht, die Bedeutung für unsere Zukunft haben sollen, ist es so wichtig, zu klären, inwieweit die Bibel historisch ernst zu nehmen ist. Als zentrales Beispiel möchte ich hier die Auferweckung Jesu Christi nehmen. Ist sie historisch zu beweisen? Ist Jesus wirklich auferweckt worden?[15]

Ort und Zeit

Jesus Christus hat in Raum und Zeit gelebt, und zwar in Palästina. Als Zeitgenossen werden uns genannt: Augustus, Tiberius, Pontius Pilatus (Statthalter von Judäa 26-36 n. Chr.) Man kann also historische Aussagen über Jesus Christus machen, über Zeit und Ort seines Lebens. Viele Leute denken: Die Bibel ist ein altes Buch, die Hälfte stimmt nicht. Aber hier kann man Aussagen über Ereignisse machen, die sich damals zugetragen haben. Dabei geht man nach Methoden vor, die Historiker auch sonst in Alter Geschichte benutzen.

In jeder Wissenschaft hängt die Methode, mit der man arbeitet, von dem Gegenstand ab, über den man die Wahrheit herausfinden will. Deshalb arbeiten Historiker anders als Physiker, nämlich so ähnlich wie Juristen. Historiker führen eine Art »Indizienprozeß«. Heute lebt keiner mehr, der die Geschichte von Augustus und Caesar erlebt hat. Wir müssen uns mit den Zeugnissen auseinandersetzen, die erhalten sind. Mit Papyri, mit Inschriften auf Steinen und Münzen, mit dem, was antike Historiker geschrieben haben, mit Briefen, die erhalten sind.

Das sind die Möglichkeiten, die wir in der Geschichtswissenschaft haben. Wenn man sich mit der Auferweckung beschäftigt, wird man deshalb fragen: Was für Indizien gibt es? Wo sind Indizien über die ersten Christen und über Jesus Christus zu finden? Sie sind im wesentlichen in den Texten des Neuen Testaments überliefert, also in der Apostelgeschichte, den Evangelien und den Briefen, die unmittelbar danach geschrieben wurden. Das sind unsere Hauptquellen für die Geschichte Jesu Christi. In der römischen Überlieferung gibt es nur wenige Dinge über Jesus. Das hängt damit zusammen, daß die Römer das, was sich in Jerusalem zutrug, für nicht so weltbedeutend hielten.

Weiter wird man sich fragen: Wollen diese Texte überhaupt historisch ernstgenommen werden? Man kann ja seinen Text überfrachten, indem man behauptet, er berichte historische Sachverhalte, aber in Wirklichkeit hat er nur Geschichten erzählt, ohne es historisch genau zu nehmen. Manche Kritiker sagen: Die Bibel will gar nicht historisch verstanden werden.

Man schlage einmal den Anfang des Lukasevangeliums auf (Lukas 1,1-4). Dort notiert Lukas für eine bestimmte Person, er sei der Sache sorgfältig nachgegangen und bemühe sich, sie der Reihe nach aufzuschreiben. Da steht auf griechisch »akribisch« (akribos): sorgfältig und geordnet (zeitlich oder thematisch). Also kann man mindestens bei Lukas sagen, daß er historisch ernstgenommen werden will.

Wenn man die überlieferten Texte im Neuen Testament mit anderen antiken Texten vergleicht, merkt man, daß sie wirklich historisch sein wollen. Dazu findet man weitere Hinweise in Kapitel 3 des Lukasevangeliums. Da heißt es am Anfang: »Im fünfzehnten Jahr des Kaisers Tiberius, als Pontius Pilatus ... und Herodes ...«, und dann werden noch ein paar Namen aufgezählt, die man heute noch entfernt mit der Weihnachtsgeschichte verbindet. Das war die antike Zählweise. »Im fünfzehnten Jahr des X.«, so zählte man in der Antike. Lukas kommt es durchaus auf Genauigkeit an. Nicht: irgendwann, irgendwo – wie viele Leute auch in der Auferstehungsfrage meinen, das sei so wie in anderen Mythen auch: irgendwann, irgendwo –. Die Christen legen Wert darauf, in ihrem Glaubensbekenntnis zu sagen: »unter Pontius Pilatus«. Deshalb erscheint der Name dieses armen Mannes seit Jahrhunderten im Glaubensbekenntnis. Fünfzehntes Jahr des Kaisers Tiberius – das war die Datierung, so als würde man heute sagen: Im vierten Jahr von Michail Gorbatschow, als Helmut Kohl ...

Entstehungszeit der Berichte

Wie groß ist der zeitliche Abstand, wann wurden die Berichte über Jesus verfaßt? Manche denken, die Berichte seien im Laufe von Jahrhunderten entstanden. Die Texte sind aber spätestens dreißig, vierzig oder fünfzig Jahre nach den Ereignissen so abgefaßt worden, wie wir sie heute vorliegen haben. »Spätestens« heißt, daß die Forschung sich darüber unklar ist. Eine ganze Reihe von Forschern in neuerer Zeit denkt, daß die Evangelien viel älter sind, schon zwanzig bis dreißig Jahre nach den Ereignissen geschrieben.[16] In jedem Fall ist der zeitliche Abstand wesentlich geringer als der von Tacitus zum meisten, worüber er schreibt und was wir auch in unseren Lehrbüchern über römische Geschichte finden, soweit es auf Tacitus zurückgeht oder auf andere antike Historiker.

Interesse der Autoren

Manche denken: Die Verfasser waren alles Jünger, die haben dann schon mal was für ihre eigenen Ziele umfrisiert. Wir sind gewohnt, schnell zu fragen: wer bezahlt den? In die Richtung seiner Geldgeber wird wohl auch gehen, was er zu berichten weiß. Wahrheit steht dann gegen Interessen. Nehmen wir an, es gibt zwei Gutachten über die Ursachen des Waldsterbens. Das eine ist von der deutschen Automobilindustrie in Auftrag gegeben worden, das andere von den Grünen. Da erwarten wir jeweils schon bestimmte Ergebnisse.

Nun ist klar, daß jeder Mensch ein Interesse hat. Ohne Interesse könnten wir nicht leben, weil wir auswählen müssen. Doch das Interesse sagt noch nichts darüber aus, ob das stimmt, was jemand schreibt. Zu denken, die Jünger hatten ein Interesse, also stimmt es nicht, was sie schreiben, ist ein logischer Fehlschluß. Zweifellos hat Lukas ein Interesse; am Anfang liest man bei ihm, warum er geschrieben hat.

Nehmen wir an, jemand aus der Antike schreibt über römische Geschichte. Er wählt Ereignisse aus, die er für wichtig hält. Das heißt aber nicht, daß er lügt. Wenn ein anderer über die gleiche Zeit schreibt, wählt er unter Umständen andere Ereignisse aus, aber auch das heißt nicht, daß er lügt; er hält nur anderes für wichtiger.

Das leere Grab

Das erste Indiz ist die Aussage über das leere Grab. Sie findet sich in allen Evangelien und ist auch nie bestritten worden. Es gibt verschiedene Theorien, warum das Grab leergeworden sein könnte. Man hat sogar eine Inschrift aus dem 1. Jahrhundert n. Chr. gefunden, aus der Gegend des Grabes Jesu, in der Leichenraub und Schändung der Totenruhe unter Todesstrafe gestellt wird. Die Historiker sind sich darüber einig, daß irgendein bestimmtes Ereignis zu der Zeit in der Gegend stattgefunden haben muß, das diesen kaiserlichen Erlaß ausgelöst hat, aber man weiß nicht, ob es mit dem leeren Grab Jesu zusammenhängt.[17]

Veränderungen im Leben der Anhänger

Wenn man in den Evangelien liest, wie die Jünger gewesen sind und was sie gemacht haben, stellt man erstaunliche Veränderungen fest. Auf einmal verkündigen sie, was sie glauben verkündigen zu müssen, obwohl sie (Interesse!) eigentlich gar nichts davon haben. Sie gehen sogar in den Tod für die Aussage, daß Jesus Christus der Messias Gottes ist, daß er den Tod besiegt und Gott ihn auferweckt hat. »Dafür sind wir Zeugen«, sagen sie. »Wir verkündigen das nicht irgendwo in der Provinz, wo wir vielleicht den Leuten alles mögliche erzählen könnten, sondern mitten in Jerusalem. Hier ist der, den ihr gekreuzigt habt.« (Apostelgeschichte 2,22-24+32+36; 3,15 u.a.)

Interessant ist auch, daß überall in den Evangelien Frauen die ersten sind, die Jesus sehen, die das leere Grab entdecken und verkündigen. Das wirkt für den Historiker so originell, weil in der damaligen Zeit die Zeugenaussage von Frauen juristisch nichts galt. Wenn man schon eine Geschichte erzählen will, wird sie für die damalige Umwelt nicht gerade attraktiver, wenn man ausgerechnet Frauen als Zeugen nimmt – es sei denn, es war wirklich so.

Begegnungen mit dem lebenden Jesus

Immer wieder ist geschildert, daß Jesus den Menschen begegnete: am Anfang der Apostelgeschichte, am Ende der Evangelien und am interessantesten in 1. Korinther 15, wo Paulus schreibt, Jesus sei mehr als fünfhundert Jüngern begegnet, die zusammen waren. Auch hier ist die Datierungsfrage nicht unwesentlich. Der erste Korintherbrief ist Mitte der fünfziger Jahre geschrieben, fünfundzwanzig Jahre nach den Ereignissen. Das wäre das gleiche, wie wenn heute einer über Ereignisse aus dem Jahre 1965 schriebe. Fünfhundert haben das Ereignis gesehen, die meisten davon leben noch, so schreibt Paulus, einige nicht mehr. Der größte Teil der Augenzeugen lebte also noch, als der Brief geschrieben wurde.

Schlußfolgerungen

Wie gehen wir jetzt mit den Indizien um? Mit welcher Vorentscheidung gehen wir an diese Texte heran? Wie wollen wir die Texte bewerten?

Jemand hält es zum Beispiel für denkbar, daß es einen Gott gibt, der die Welt geschaffen hat und der auch einmalig in dieser Welt Mensch wird. Ob es wirklich so ist, läßt er im Moment offen, wenn er an den Text herangeht. Ein anderer glaubt: Das kann überhaupt nicht sein. Er bringt eine gewisse Vorentscheidung, eine gewisse Begrenzung an den Text heran.

Was wir selbst glauben, haben wir zunächst einmal von Eltern, Schule und Freunden übernommen. Nun stehen wir vor der Aufgabe, zu prüfen, ob das, was wir übernommen haben, der Wahrheit entspricht, und wie wahrscheinlich das ist, was wir im Neuen Testament lesen.

Glaube als Wunschdenken

Als häufigstes Argument gegen den christlichen Glauben habe ich gehört: Das ist alles nur Einbildung, woher weiß ich, daß Gott nicht nur eine Einbildung ist? Ist der Glaube nicht nur eine Projektion meiner Wünsche? Wie verhält es sich mit dem Christentum im Vergleich zu anderen Religionen – ist es nicht nur eine Selbsttherapie oder Ideologie? Ist Glaube nicht letztendlich Selbstzweck? Sind positive Erfahrungen mit Gott nicht einfach Wunschdenken? Ist christlicher Glaube nicht eine Vertröstung aufs Jenseits? Hängt christlicher Glaube nicht sehr stark von der Kultur bzw. von der Erziehung des christlichen Elternhauses ab?

Projektion?

Feuerbach hat geschrieben: »Der Gott des Menschen ist nichts anderes als das vergötterte Wesen des Menschen. Nicht Gott schuf den Menschen nach seinem Bilde, sondern der Mensch schuf Gott nach seinem Bilde. So entstehen die jeweiligen Gottesvorstellungen aus den Wünschen des Menschen[18].« Wie mit einem Diaprojektor, so meint Feuerbach, projiziert der Mensch seine Sehnsüchte und Wünsche an den Himmel, und was er dann dort sieht, das nennt er Gott. Das ist übrigens nichts Neues; schon der alte Philosoph Xenophanes hat geglaubt, bei den Äthiopiern seien die Götter schwarz und stumpfnasig und bei den Thrakern blauäugig und rothaarig.

Was ist zu dieser Theorie zu sagen? Ich denke, hier liegt ein schwerwiegender Fehlschluß vor. Wenn Menschen sich Götter wünschen, sagt das nichts darüber, ob sie nun existieren oder nicht. Feuerbachs Gedankengang: *Weil Men-*

schen sich einen Gott wünschen, darum gibt es keinen, denn sie haben ihn selbst erfunden, ist nicht besonders logisch. Selbst wenn man beweisen könnte, daß der Mensch einen angeborenen Wunsch nach einem Gott hat, würde das noch nichts über die Realität Gottes sagen. Daß Feuerbachs Schlußfolgerung trotzdem eine so große Suggestivkraft hat, hängt mit einem Konjunktiv zusammen.

Eigentlich sagt Feuerbach: *Könnte es nicht sein, daß der Mensch Gott einfach erfunden hat?* – Selbstverständlich könnte das sein. Man kann gegen Konjunktive nicht argumentieren. Wenn Ihnen ein Konjunktiv-Fan begegnet, versuchen Sie ihn in den Indikativ zu bringen. Wer Ihnen sagt: Könnte es nicht sein . . .?, der ist eigentlich nie widerlegbar. Da muß man antworten: Selbstverständlich *könnte* das auch sein; also wollen wir mal prüfen, wie es *ist.* Das sind durchaus zwei verschiedene Dinge.

Man kann sogar das Argument von Feuerbach mit dem Wunschdenken umkehren und sagen: Vielleicht ist es ja Wunschdenken von Menschen, daß es keinen Gott gibt. Wenn Gott in der Bibel als Schöpfer und Richter der Welt dargestellt wird, möchten manche Menschen ihm vielleicht lieber nicht begegnen. Nehmen wir eine Figur wie Hitler oder Stalin. Sie können sich vielleicht gar nichts Gutes darunter vorstellen, daß es jemanden gibt, der sie geschaffen hat, der sie in- und auswendig kennt, der auch alle mildernden Umstände berücksichtigt und vor dem sie mal ihr Tun rechtfertigen müssen. Vielleicht haben manche entschieden den Wunsch, daß es diesen Gott nicht gibt.

Das Argument des Wunschdenkens läßt sich also umkehren. Es sagt nichts über die Realität aus.

In Anlehnung an Feuerbach wollen uns einige Leute helfen. Man kann nicht von Gott als dem »Vater im Himmel« reden, meinen sie, das ist viel zu anthropomorph gedacht, das heißt: nur vom Menschen aus. Aber: Wir können als Menschen gar nicht anders, als in Bildern zu reden.[19] Wenn wir in der Physik von Kraft oder von Stoff sprechen, verbinden wir Bilder damit. Auch bei allem Abstrakten können wir nur in Bildern reden. Wir haben die Möglichkeit, gute durch schlechte Bilder zu ersetzen oder umgekehrt; es gibt keine Möglichkeit für uns, bilderlos zu reden. Man kann immer abstrakter werden, aber es bleiben Bilder. Gott als »Vater« ist ein Bild aus der Familie, Gott als »Substanz« ist ein Bild aus der Naturwissenschaft.

Welches Bild hilft uns, mehr vom Wesen Gottes zu verstehen? Gott als Substanz ist wahrscheinlich zu schwierig, weil das Personale dabei fehlt. Beten Sie einmal zu einer Substanz! Oder jemand denkt bei Substanz an Grießpudding, und den mag er nicht. So können Bilder auch Blockaden sein. Manche Menschen haben schwierige Vaterbeziehungen; für sie ist Gott als Vater deshalb ein Problem.

Lassen Sie sich nicht erschrecken, wenn jemand sagt: »Man muß von den Bildern wegkommen.« Das kann kein Mensch. Wir haben keine andere Möglichkeit, als in Bildern zu sprechen; auch in der Physik, in der Biologie sprechen wir in Bildern. Auch unser Gesprächspartner ersetzt höchstens die Bilder aus einem Bereich – Landwirtschaft oder Familie – durch Bilder aus einem anderen Bereich.

Christliche Erziehung

Aber haben wir nicht das, was wir von Gott wissen, einfach übernommen? Durch eine christliche Erziehung, ein christliches Elternhaus? – Selbstverständlich haben wir das, was wir glauben, bei irgend jemandem zum ersten Mal gesehen oder gehört und also übernommen. Keiner von uns hat sich das Leben selbst zurechtgelegt. Keiner hat das Leben selbst gewollt. Da wir uns nicht selbst geschaffen haben, sind wir darauf angewiesen, daß die, die vor uns da waren, uns erklären, wer wir sind, was wir zu tun haben, was unsere Bestimmung ist und wie es weitergeht. So hat auch jeder von uns sein Lebenskonzept einfach von den Eltern übernommen, das ist überhaupt nicht beschränkt auf den religiösen Bereich.

Wir werden zum Beispiel durch Familiensprüche geprägt, wie wir am Anfang des Buches gesehen haben. (»Das ist alles gelogen.«) Eine Krise kommt dann, wenn man in der Schule oder auch später Menschen trifft, die ganz andere Lebenskonzepte haben. Bei denen wurden zu Hause vermutlich ganz andere Familiensprüche gepflegt.

Das Lebenskonzept wird also erst einmal einfach übernommen, und wir reagieren. Ein Kleinkind erfährt das Leben nicht durch Meditation, sondern es reagiert auf das, was es hört. Das sind zunächst meistens Imperative und der eigene Name. »Iß«, »trink«, »sei still!« Auch wenn das Kleinkind selbst noch nicht spricht, reagiert es auf das, was es hört. Auf diese Weise erfährt es das Leben, nicht dadurch, daß es darüber nachdenkt.

»Wir haben das nur übernommen« ist kein Einwand gegen den christlichen Glauben, weil wir unser ganzes Verhalten übernommen haben, auch unsere Moral. Die Mutter hat gesagt: »Das tut man nicht«, der Opa hat's bestätigt, und da wußten wir: Das tut man nicht. Bis wir auf Leute stoßen, die andere Prägungen haben. Uns werden Dinge vermittelt, die kulturabhängig sind, auch falsche Dinge. Man muß herausfinden, was davon richtig und falsch ist.

Kann man Gott beweisen?

Das führt zu der Frage nach der Objektivität. Ist die Existenz Gottes beweisbar, oder müssen wir sie einfach glauben? Wenn wir die Bezeichnung »objektiver Beweis« hören, denken wir an einen Begriff aus den Naturwissenschaften. Dort, so meint man, geht es objektiv zu, während die Christen nur glauben. Kann man beweisen, daß Gott keine unpersönliche Macht ist, sondern ein persönlicher Gott? Ich kenne viele, die den Glauben allein schon aus wissenschaftlichen Erwägungen ablehnen. Lassen sich die Ereignisse im Neuen Testament auch ganz normal erklären, ohne Gott? Gibt es Gebetserhörungen? Sie könnten ja auch Zufall sein. Warum glaube ich, daß es Gott ist, den ich in meinem Leben erfahre? Es könnte doch auch Zufall, Natur oder Einbildung sein.

Zur Objektivität muß man sagen: Dieses Wort wird so, wie es viele volkstümlich verstehen, heute in der Physik nicht mehr gebraucht. Die volkstümliche Vorstellung von Objektivität stammt aus dem letzten Jahrhundert. Damals glaubte man, man könne alles auf Ursache und Wirkung reduzieren: Man weiß, wie etwas funktioniert, und dann gibt es bestimmte, kausale Zusammenhänge (Ursache-Wirkung), die festliegen und sich immer wiederholen. Man dachte, alles so erklären zu können, und entsprechend hieß ein geflügeltes Wort: »Die Hypothese Gott haben wir nicht mehr nötig.« Gott wird höchstens noch als Lückenfüller gebraucht – für Dinge, die wir bisher noch nicht erklären können.

In diesem Jahrhundert hat die Physik einige Krisen erlebt und geht nicht mehr von dieser Objektivität aus. Heute wird man eher so sagen: Keiner kann beweisen, daß morgen die Sonne aufgeht. Auch wenn das ein paar tausend Jahre der Fall war, ist das noch kein Beweis. Es sagt nichts darüber aus, was morgen passiert. Trotzdem könnte es sein. Manche Menschen behaupten, sie hätten es heute bewiesen. Das stimmt nicht. Es ist eine Wahrscheinlichkeitsrechnung. Daß es tausendmal passiert ist, sagt über den tausendundersten Fall nichts aus. »Es gibt überhaupt keine Möglichkeit, in logischer Weise aus vergangener Erfahrung auf die Zukunft zu schließen. Und doch ist der Schluß auf die Zukunft die ganze Pointe der Physik.«[20]

Noch radikaler hat Max Planck sich über die Physiker geäußert: »Eine neue wissenschaftliche Wahrheit pflegt sich nicht in der Weise durchzusetzen, daß ihre Gegner überzeugt wären und sich als bekehrt erklären, sondern daß die heranwachsende Generation von vornherein mit der Wahrheit vertraut gemacht ist.«[21] Damit meinte er, daß man bestimmte Theorien aufstellt, wie etwas ist, Hypothesen, mit denen man arbeitet. Auf einmal stellt man fest: Es gibt Dinge, die nicht hineinpassen. Man bleibt bei der Theorie und erklärt das, was nicht hineinpaßt, als Ausnahme. Dann kommt noch etwas zutage, was nicht der Theorie entspricht – also noch eine Ausnahme, und dann muß man den Lehrstuhl räumen, weil man fünfundsechzig geworden ist. Jüngere Kollegen werden die Nachfolger. Sie sagen: »Um ganz ehrlich zu sein, die ganze Theorie stimmt nicht. Die vielen Ausnahmen zeigen das schon.« Man braucht eine neue Hypothese.

Was hat die Naturwissenschaft also mit der Wirklichkeit zu tun? Hans Peter Dürr, Direktor des Max-Planck-Instituts für Physik in München, hielt einmal einen Vortrag zum Thema »Naturwissenschaft und Wirklichkeit«. Dort nannte er folgendes Beispiel:

Ein Fischer sitzt am Wasser und fängt mit seinem Netz

45

Fische. Da kommt ein Beobachter vorbei und fragt: »Was machst du denn da?«

»Ich fange Fische.«

Der Beobachter fragt weiter: »Was kannst du über Fische aussagen?«

»Zwei Dinge: Sie haben alle Kiemen und sind alle mindestens fünf Zentimeter lang.«

»Aha, könnten wir uns dein Netz mal ein wenig genauer ansehen?«[22]

Dabei stellt der Beobachter fest, daß das Netz fünf Zentimeter breite Löcher hat. Er sagt zu dem Fischer: »Es könnte ja sein, daß es Fische gibt, die kleiner als fünf Zentimeter sind. Die kannst du mit dem Netz nicht fangen.«

An diesem Beispiel wollte Dürr klarmachen: Naturwissenschaft heißt, es gibt eine bestimmte Fragestellung, ein bestimmtes Netz, und darauf erhält man bestimmte Antworten; und es gibt Fragen, die mit keinem Netz zu beantworten sind. Das sind zum Beispiel alle Fragen nach Schönheit, Kunst und Religion. Dafür hat die Physik kein Netz. Über diese Dinge kann sie keine Aussagen machen. Hier den Begriff des Objektiven anlegen zu wollen, ist völlig verfehlt. Physiker arbeiten mit Modellen, versuchen etwas abzubilden, zu reproduzieren, um Erkenntnisse zu gewinnen.[23] Aber sie haben immer eine bestimmte Fragestellung und bekommen nur Antworten auf die Frage, die sie stellen.

Auch das Subjektive und das Objektive werden heute in der Physik anders gesehen als im 19. Jahrhundert. Subjektives und Objektives geht nach heutiger Vorstellung ineinander über.

Ein Beispiel: Das *Objekt*, über das ich eine Aussage machen will, ist eine Landschaft. Das *Subjekt* bin ich selbst, als Wanderer oder Autofahrer. Das Modell, das ich von der

Landschaft entwerfen werde, wird davon abhängen, was ich will. Als Autofahrer werde ich die Landschaft besonders im Blick auf Straßen abbilden, als Wanderer im Blick auf Fußwege. Die beiden Landschaftsmodelle, die ich auf diese Weise entwerfe, fallen also recht unterschiedlich aus.

So arbeitet die Physik. Sie hat ein Modell von der Wirklichkeit. Es ist nicht die eigentliche Wirklichkeit, sondern ein Abbild. Subjekt und Objekt hängen dabei zusammen, die Frage bestimmt das Ergebnis.

Man fragt:»Wie funktioniert etwas?«, und nicht so sehr: »Warum ist etwas?«, »Wozu ist etwas?« Die Naturwissenschaften fragen nur: Wie kommt man zum Ziel? Was das Ziel ist, müssen andere Leute sagen. Das hat sich in den letzten Jahren an der Frage der Kernenergie gezeigt. Naturwissenschaftler und Techniker können erklären, wie man das macht, aber ob man das machen sollte und darf, ist eine ganz andere Frage, die mit dem »Wie?« allein nicht beantwortet ist.

Deshalb ist es unangemessen, diese Fragen der Naturwissenschaft einfach auf mein eigenes Leben zu übertragen und in dieser Hinsicht Objektivität zu fordern, in Dingen, die für mich selbst wichtig sind. Ob ich etwas Bestimmtes tun sollte oder nicht, ist nicht nur die Frage danach, ob es funktioniert.

In dieser Weise nach Objektivität zu fragen, führt dazu, daß man alle Dinge auch ohne Gott erklären kann. Das liegt aber an einer methodischen Vorentscheidung. Wenn ich ein bestimmtes Netz habe, kann ich auch nur zu bestimmten Antworten kommen. Naturwissenschaftler, die sich entschieden haben, man könne ohne die »Hypothese Gott« Dinge erklären, gehen nach einem methodischen Atheismus vor. Das hat auf viele Menschen heute abgefärbt, die deshalb glauben, es gebe keinen Gott. Für sie ist

der methodische Atheismus zu einem prinzipiellen geworden. Sie glauben: Weil sie so leben und denken, als gäbe es
keinen Gott, gibt es wirklich keinen.

Wunder

Ein Physiker wurde einmal gefragt, was er als Physiker zu
Wundern sagen könne. Er antwortete, da sei er als Physiker nicht zuständig.

Wunder – etwa das Wunder der Menschwerdung Gottes in der Geschichte – bedeuten ein einmaliges Ereignis.
Was soll ein Physiker dazu sagen? Das Entscheidende bei
einem Wunder ist auch nicht, ob man es denken kann; entscheidend ist, ob es geschehen ist.

Wenn Sie wissen wollen, ob ein Wunder in der Geschichte stattgefunden hat, müssen Sie einen Historiker
fragen, ob die Zeugen des Wunders glaubwürdig sind. Die
nächste Frage wäre dann, warum oder wozu dieses Wunder geschehen ist. Auch darauf kann die Physik keine Antwort geben.

»Der ganzen modernen Weltanschauung liegt die Täuschung zugrunde, daß die sogenannten Naturgesetze die
Erklärungen der Naturerscheinungen seien.«[24] Das bedeutet: Seit dem fünfzehnten Jahrhundert erlebten die Menschen immer mehr, wie Naturgesetze arbeiten. Deshalb
glaubten sie, sie wüßten bereits, woher die Welt kommt
und wohin sie geht. Das ist eine Täuschung. Wenn ich
weiß, wie die Naturgesetze funktionieren, weiß ich noch
nicht, warum sie so in die Welt gesetzt worden sind, warum die Erscheinungen so sind. Wittgenstein und andere[25]
wissen, daß die Naturgesetze eigentlich gar nichts erklären. Sie sagen nur, wie etwas funktioniert. Warum gibt es

Elektrizität? Man weiß, wie man damit arbeiten kann, aber das ist keine Erklärung. Warum die Welt so ist, wie sie ist – dazu können Naturgesetze nichts aussagen.

Allerdings kommt es nicht immer auf Erklärungen an, wo es um Wunder und den Glauben an Jesus geht. Wenn jemand Christ wird, sind es nicht so sehr die Argumente, vielmehr Vorbilder. Menschen in der Gemeinde oder Freunde, die glaubwürdig Christsein lebten, oder auch die Eltern. Argumente müssen ernstgenommen werden, aber sie sind nicht das Entscheidende. Entscheidend ist, das Leben und das Evangelium mitzuteilen (1. Thessalonicher 2,8).

»Wenn ich auch ein Wunder sehen würde, würde ich glauben« – das halte ich für eine Überschätzung. Woher wissen diese Menschen, wie sie reagieren, wenn ihnen etwas widerfährt, was sie bis dahin noch gar nicht kennen? Man kann auf alles so oder so reagieren. Den einen kann ein Wunder aus seinem gewohnten Leben reißen, den anderen kann dasselbe Wunder völlig unberührt lassen.

Gebetserhörung

Wenn Sie jemals den Versuch gemacht haben, mit einem, der nicht an Gott glaubt, über Gebetserhörung zu diskutieren, erleben Sie die Auswirkungen dieses Denkens. Sie sagen zum Beispiel: »Ich habe gestern gebetet, und es ist nichts passiert.« Dann wird er antworten: »Na, woher auch?«

Aber wenn Sie sagen: »Ich habe über längere Zeit gebetet, Gott hat das Gebet erhört, und da ist das Ergebnis«, dann wird er Ihnen erklären: »Das ist gekommen, weil . . . Das kann man nämlich alles ganz natürlich erklären.«

Wir versuchen, den roten Faden in unser Leben zu bekommen, indem wir alles erklären: »Es ist gekommen,
weil . . .« Egal, wie wahrscheinlich oder unwahrscheinlich
es ist. In dem Beispiel der Gebetserhörung hat man überhaupt keine Chance, dahinterzukommen, ob Gott nun auf
Gebete reagiert oder nicht. »Was würdest du als Beweis
anerkennen?« Antwort: »Nichts!«

Man muß sich zuerst über die Axiome einigen, über die
man reden will. Wer von der Voraussetzung her denkt, daß
er alles ohne Gott erklären will, ist argumentativ nicht aus
den Angeln zu heben. Nicht einmal damit, daß es Gott
gibt, weil er eine methodische Vorentscheidung getroffen
hat, einen bestimmten Denkweg gegangen ist.

Glauben

Unter Glauben verstehen die Menschen so ein verschwommenes Für-wahr-Halten. Eine ziemlich bekannte
Geschichte beschreibt das so: Jemand liest in der Bibelstun-
de einen Text aus dem Alten Testament: »Eva war die Mutter des Menschengeschlechts. Sie war 300 Ellen lang, 150
Ellen hoch und 100 Ellen breit. Innen und außen war sie
mit Pech verpicht.« Dann legt er diesen Text aus. Er hat
nicht gemerkt, daß er beim Umblättern in die Geschichte
mit der Arche Noah gekommen ist. Er sagt also: »Daß Eva
300 Ellen lang, 150 Ellen hoch und 100 Ellen breit war, das
können wir ja noch verstehen; sie war ja die Mutter des
Menschengeschlechts. Aber warum sie innen und außen
mit Pech verpicht war, das müssen wir einfach glauben.«

Wer befürchtet, dies sei der christliche Glaubensbegriff,
den kann man beruhigen. Das ist er nicht! Zunächst ist
»glauben« etwas, ohne das wir gar nicht leben können.

Glauben heißt, ich reagiere auf Grund des Wissens eines anderen. Wenn wir in die Schule gehen, ist das ein reiner Glaubensakt. Der Unterricht könnte ja heute in einem ganz anderen Stadtteil stattfinden. Wir glauben einfach, daß er am gewohnten Ort ist, weil uns die anderen nichts von einem Wechsel erzählt haben. Wir glauben also, was andere sagen, und richten uns danach. Natürlich kann dieser Glaubensakt zu einer Gewohnheit werden, und dann ist das Maß des Glaubens nicht mehr so hoch.

Wir Menschen können nur leben, indem wir uns auf jemanden oder auf etwas verlassen. Andere Menschen erklären uns, wo es etwas gibt und was wir zu tun haben. Wenn wir reagieren, sind wir Glaubende. Wenn wir nicht reagieren, sind wir nur Meinende. Wir meinen: Es könnte schon sein, aber es hat für mich keine Bedeutung, ich reagiere nicht darauf. Glauben heißt: Jemand sagt mir etwas, und daraufhin tue ich das. Wir kommen nicht umhin, uns auf jemand oder etwas zu verlassen, weil wir das Leben und die Erkenntnis nicht aus uns selbst haben. So sind manche der Bibel gegenüber skeptisch eingestellte Leute erstaunlich naiv gegenüber Horoskopen.

»Glauben« hängt, wie wir gesehen haben, auch mit Vertrauen zusammen. Vertrauen kann ich nur jemandem, den ich für zuverlässig halte. Das ist das Wichtigste in allen menschlichen Beziehungen, herauszufinden, ob der andere zuverlässig ist. Dazu müssen wir ein Stück Weg mit ihm gehen. An Gott zu glauben, bedeutet also auch, ihm zu vertrauen, ihn für zuverlässig zu halten.

Wenn wir eine wichtige Verabredung mit einem Freund haben, und er kommt nicht, ist die Frage: Wie vertrauen wir ihm? Wir würden antworten: Bisher war er zuverlässig. Dann warten wir weiter, und vielleicht hat er auch eine Erklärung, warum er heute etwas später kommt. Ich glaube ihm, daß er zuverlässig ist, denn beweisen kann er mir das nicht. Im Negativen (»das glaube ich nicht«) hat das Wort noch dieselbe starke Bedeutung, die es auch einmal im Positiven hatte.

Für Liebe gibt es ebenfalls keinen Beweis. Wenn jemand seine Liebe beweisen will, denkt die Frau: Das kann aber auch gelogen sein; vielleicht ist er ein Erbschleicher. Der Mann kann demonstrieren, was er will, es liegt an ihrer Auslegung, ob sie glaubt, daß er sie liebt. Hinweise für die Zuverlässigkeit eines Menschen gibt es, aber ein Beweis ist letztlich nicht möglich. Man muß einen Vertrauensvorschuß geben und mit einem Menschen einen Weg gehen; dann wird man erfahren, ob man sich auf ihn verlassen kann.

Beim Glauben geht es also nicht um etwas Verschwommenes, sondern um ganz feste Beziehungen. Wenn wir mit jemandem über Objektivität sprechen, über Glauben und Für-wahr-Halten, sollten wir über Bilder und Beispiele reden, die ihm bekannt sind – in seinen Beziehungen und Freundschaften. Denn es gibt eine personale Logik, die nichts mit einem Objektivitätsdenken aus dem letzten Jahrhundert zu tun hat, sondern mit Hinweisen auf einen Weg, den man geht.

Das Ziel des Lebens

Viele Menschen sind blockiert darin, Christen zu werden, weil sie über eine Frage noch nicht richtig nachgedacht haben. Da kann ein Gespräch helfen. Christen können niemandem das Kreuz Jesu Christi wegargumentieren. Sie können niemanden ins Reich Gottes hineinargumentieren. Sie sollen auch nicht Diskussionen gewinnen, sondern

Menschen. Um Diskussionen zu gewinnen, gibt es ein paar Tricks. Menschen zu gewinnen, ist etwas ganz anderes. Dazu kann es aber auch nötig sein, daß man sich die Zeit nimmt, auf Argumente eines anderen einzugehen. Wie es einmal im Alten Testament heißt: »Bereitet den Weg des Volkes! Bahnt die Straßen, reinigt sie von Steinen!« (Jesaja 62,10). Christen sollen anderen Stolpersteine und Denkbarrieren aus dem Weg räumen.

Jesus hat uns gesagt, was das größte Gebot ist: Daß wir den anderen so behandeln, wie wir selbst behandelt werden wollen. Wir wünschen uns, daß unsere Fragen ernstgenommen werden. Es ist ein Zeichen von Liebe, daß Christen sich ganz jemandem zuwenden und seine Fragen ernst nehmen.

Im Gespräch über den Glauben geht es aber nicht nur darum, Denkbarrieren abzubauen und Begriffe zu klären. Wichtig ist auch, weiterführende Fragen zu stellen. Zum Beispiel: Was glaubst du, was die Bestimmung, das Ziel des Menschen ist? Was lohnt deinen Lebenseinsatz?

Dostojewski läßt einmal in Ich-Form jemanden fragen, warum man sich eigentlich sittlich verhalten soll? einen Beruf lernen, eine Familie gründen, anderen Gutes tun?[26] Sinngemäß schreibt er weiter: *Diese Frage kann mir natürlich keiner beantworten.* Zu beachten ist das Wort »natürlich«. *Die meisten sagen: Versuche, das Leben zu genießen, das Beste daraus zu machen. – Wenn ich eine Kuh wäre, würde ich auch sagen, Genuß ist das höchste, und irgendwann einmal ist es aus. Aber in mir ist eine Sehnsucht, daß mehr sein müßte als nur Essen und Trinken.*

Es ist ganz wichtig, zurückzufragen, was jemand will, damit er die Sehnsucht seines Lebens nicht zuschüttet. Solange er noch denkt, es müßte mehr geben als das, was er weiß und erlebt hat, muß man ihm sagen, wo es mehr gibt.

Schwierig ist es natürlich, wenn einer keine Antwort gibt. Aber nehmen wir an, er gibt eine, dann sollten wir versuchen, diese Antwort mit ihm logisch zu durchdenken. »Logisch zu sein, ist immer bequem. Nahezu unmöglich ist es aber, logisch bis ans Ende zu sein.«[27] Vielleicht nennt jemand als Hoffnung, die er hat, die Evolutionslehre; daß alles sich höher entwickelt und besser wird, und daß man Gott nicht mehr braucht als Erklärung der Welt.

Wer sich in Biologie auskennt, kann hier nach biologischen Zusammenhängen fragen. (Ich würde das nicht tun, denn ich bin kein Biologe.) Es gibt aber noch andere wichtige Überlegungen dazu: Wenn die Evolutionslehre wahr wäre, daß der Mensch ohne Gott entstanden ist – was hat es dann für einen Sinn, von Verantwortung, von Freiheit oder von Gerechtigkeit zu sprechen? Wie ist Moral zu begründen? Gibt es das Böse? Entweder haben wir Entscheidungsmöglichkeiten zum Ja oder Nein, oder das Leben ist eben wegen der Evolution so, wie es ist, und wir konnten gar nicht anders handeln. Vereinfacht gesagt würden dann bei einem Völkermord die einen herausselektiert, während die andern sich durchsetzten.[28]

Nehmen wir an, es gibt Verantwortung und Freiheit. Was heißt das im Zusammenhang mit einem Welterklärungsmodell ohne Gott? Worauf sind Verantwortung, Freiheit und Gerechtigkeit überhaupt bezogen? Wenn die Evolutionstheorie die Erklärung des Lebens ist – was *ist* Leben dann? Für den, der nur an die Evolution glaubt, »ist Leben ein komplexer Aggregatzustand von toter Materie, eine kurze Episode in der Geschichte eines toten Universums, die spätestens mit dem Wärmetod endet.[29]

Diese Überlegungen sind nicht nur in der Evolutionsdiskussion von Interesse. Sie werden auch in der Philosophie angestellt. Sartre schreibt: »Es gibt keinen Entwurf des

Menschen, sondern jeder Mensch entwirft sich selbst.«[30] Frage: Nach welchem Modell entwirfst du dich? Was heißt dein Reden von Verantwortung? Es gibt kein Jahrhundert, in dem so oft das Wort Verantwortung in den Mund genommen wurde und wo es so verantwortungslos zuging, wie in diesem Jahrhundert. Worte allein machen es noch nicht.

Solche Fragen ergeben sich, wenn jemand ein Erklärungsmodell für die Welt und sein Leben anbietet und sagt, er komme ohne Gott aus.

Die totale Skepsis

Wie kann ein Gespräch weitergehen, wenn jemand eine totale Skepsis vertritt? 1. Es gibt nichts. 2. Wenn es etwas gäbe, so könnten wir es nicht erkennen. 3. Wenn es etwas gäbe und es erkennbar wäre, könnten wir es doch den anderen nicht sagen. Zunächst: Will derjenige, der so redet, mir das jetzt mitteilen?

Dann hat er seine eigene Logik unglaubwürdig gemacht, nach der er mir gerade versichert hat, er könne mir nichts über die Realität sagen. Wie wir oben schon gesehen haben, gibt es Dinge, die wir sagen, aber nicht leben können. Woody Allen meinte über Jacques Monods Buch »Zufall und Notwendigkeit«: Nach Jacques Monod ist alles Zufall oder Notwendigkeit, außer sein Frühstück. Das macht jeden Morgen seine Wirtin. Das Beispiel zeigt: Man kann zwar denken, daß alles Zufall oder Notwendigkeit ist, aber kein Mensch kann das leben. Schon beim Frühstück richtet sich Monod nicht nach seiner Theorie.

»Es ist alles relativ« (im Sinne von gleichgültig). Auch das ist nur denkbar, niemand lebt so. Um es an einem krasseren Beispiel zu zeigen: Wenn derjenige Kinder hat, der so etwas sagt, und man schlägt ihm vor: »Gut, dann bringen wir eben die Kinder um; ist ja alles relativ und gleichgültig!«, wird dieser Mensch nicht zustimmen. Jeder weiß, daß es bestimmte Werte gibt, daß er Entscheidungen trifft, daß das eine wichtiger ist als das andere. Er *sagt* nur, es sei alles relativ; er *lebt* das nicht.

Determinismus

Das gleiche gilt für die Diskussion um den Determinismus. Manche Leute sagen: »Es ist alles determiniert.« Das kann man argumentativ nicht aus den Angeln heben. Wer sagt, es gibt keine Freundschaft, ist ebenfalls argumentativ nicht zu widerlegen. Wer über eine Musikpartitur behauptet, das seien doch nur Zeichen auf weißem Papier – hat der recht? Nur wer diese Musik umsetzt, merkt, daß es mehr ist.

So ist auch die Determinismus-Theorie nicht aus den Angeln zu heben. Allerdings könnte man zeigen, daß sie nicht lebbar ist, und daß kein Mensch sie lebt. Eine Geschichte aus der Antike lautet: Einer der Philosophen, die den Determinismus vertraten, wurde einmal von einem Sklaven bestohlen. Als er diesen Sklaven bestrafen wollte, sagte der: »Du kannst mich gar nicht bestrafen, ich mußte es tun. Es war einfach eine Zwangshandlung.« Da antwortete der Philosoph: »Das macht nichts. Ich muß dich jetzt bestrafen.«

Logisch kann man gegen den Determinismus nichts sagen. Man kann höchstens diskutieren, ob das Nachdenken darüber, daß mein Leben festgelegt sein könnte, etwas Nachträgliches ist. Wir erfahren uns Menschen als Handelnde, indem wir auf etwas reagieren, und nachträglich kommen wir auf den Gedanken, daß es ja festgelegt sein könnte. Das ist ein nachträglicher Gedanke, der argumentativ nicht mehr aus dem Kopf gebracht wird. Wer glaubt, daß alles festgelegt sei, dem ist argumentativ nicht zu helfen, genausowenig wie dem, der glaubt, es gebe keine Freundschaft und Liebe. Es sei denn, er würde sie erfahren. Dann wüßte er, daß es sie gibt, obwohl man sie nicht argumentativ beweisen kann.

Prädestination

Eine Sonderform des Determinismus, meinen manche, sei Prädestinationslehre. Im Epheserbrief lesen wir »von der Erwählung vor Grundlegung der Welt« (1,4). Das ist jedoch nicht als Diskussionsgegenstand gemeint, sondern als seelsorgerlicher Zuspruch. Alle Stellen im Neuen Testament, die von der Erwählung vor Grundlegung der Welt reden, enden im Lob Gottes, nicht im Anklagen oder im Probleme-Wälzen. Wenn Glaubende von Prädestination reden und das nicht aufs Lob Gottes hinausläuft, haben sie irgend etwas falsch gemacht.

Jesus sagt, daß niemand zum Vater kommt, außer wem der Sohn den Vater offenbaren will (Matthäus 11,27). Da kann man auch wieder diskutieren: Will er oder will er nicht? Aber der nächste Vers heißt dann: »Kommt her zu mir alle, die ihr mühselig und beladen seid . . .« Hier wird also nicht argumentiert. Für das Neue Testament ist die Erwählung kein Problem. In der Bibel handelt es sich generell nicht um Probleme. Erst machen wir aus allem ein Problem. Deshalb haben wir das Problem der Erwählung, des Leidens, des Todes und lesen in der Weihnachtsbotschaft: »Siehe, ich verkündige euch große Probleme.« Wir schreiben Bücher über »Missionserfolg als theologisches Problem«.

In der Bibel geht es nicht um Probleme, sondern um ein Geheimnis. Je näher man an Probleme herankommt, um so kleiner werden sie. Man versucht auf diese Weise, über sie zu verfügen. Ein Geheimnis dagegen wird größer, je mehr man davon versteht. Bei der Erwählung handelt es sich nicht um ein Problem; es geht darum, daß wir in unserer Existenz auf das antworten, was uns von dem Geheimnis Gottes bekanntgeworden ist.

Sehnsucht wonach?

Paulus ist zu einem kurzen Aufenthalt in Athen (Apostelgeschichte 17), er sieht dort lauter Götterstandbilder, und das regt ihn auf. Da könnte er sagen: »So viel Zeit verbringen sie, und soviel Geld geben sie aus für diese Götter, die menschliche Gebilde sind, anstatt dem lebendigen Gott zu dienen! Ist ja furchtbar!« Statt dessen fängt er an: »Ich sehe, daß ihr sehr religiöse Menschen seid!« Das ist wohl auch heute die Situation bei uns. Die Leute sind nicht zufrieden mit dem, was sie haben, und suchen nach mehr. Der Mensch lebt nicht vom Brot allein. Paulus knüpft daran positiv an. »Hier haben die Leute einen Altar, und sagen: ›dem unbekannten Gott‹. Ich kann euch das, was ihr unbekannt verehrt, verkündigen.« Er knüpft bei ihrer Sehnsucht an.

Der Mensch ist auf Gott hin angelegt. Damit hängt die Sehnsucht zusammen. Allerdings gibt es auch die Flucht vor Gott, in dem Wissen darum, daß Gott heilig ist, daß um ihn keine Dunkelheit ist und daß er sich mit der Sünde nicht abgibt. Deshalb suchen manche Menschen Gott wie der Dieb die Polizei: Er kann sie nicht finden. Aber auch in diesen Menschen ist das andere angelegt, eine Sehnsucht nach Gott, die von anderen nicht gestillt werden kann.

Die meisten Menschen glauben, wenn sie dies oder jenes erreichten, wären sie zufrieden. Wenn ich erst einen Lebenspartner habe . . . Wenn ich erst Erfüllung in einem Beruf finde . . . Oder in meinem Hobby. Am besten natürlich in allen dreien gemeinsam. Manchmal ist jemand tatsächlich glücklich verheiratet und denkt nicht, die siebte Ehefrau wird's bringen; er oder sie erreicht in der Ehe und im Beruf das, was angestrebt war – und stellt dann fest: Da ist eine Differenz. Das war's noch nicht. Das ist die Melancholie der Erfüllung. Wir spüren noch einen Rest, den wir in dieser Welt nicht ausfüllen können. Wir sind nicht allein für diese Welt geschaffen.

Bei der Sehnsucht nach Gott knüpft Paulus an. Dann macht er über Gott zwei Aussagen.

1. *Gott hat die Welt geschaffen.* (Das war in der Antike ein völlig neuer Gedanke.) Und zwar hat er die Welt aus dem Nichts geschaffen. »Er hat das, was nicht war, ins Leben gerufen.« In anderen Mythen aus der Zeit ist irgend etwas, dann kommt Gott auf die Bühne und macht daraus die Welt. Die Bibel sagt: Nein, Gott hat alles geschaffen, auch die Materie.

2. *Gott ist der Richter der Welt.* Am Ende der Tage werden unsere Taten und alles, was wir gesagt und gedacht haben, noch einmal zur Sprache kommen. Es wird Recht gesprochen. Nicht nur im Sinne eines Strafprozesses, sondern die Dinge werden zurechtgerückt.

Hier und Jetzt

Paulus sagte weiter: »Egal, was ihr bisher geglaubt habt, ihr könnt jetzt anfangen, müßt anfangen, zu Gott umzukehren.«

Daraufhin könnten sich einige Athener in den Konjunktiv flüchten: »Ja, wenn ich jetzt nicht hier wäre, bei dieser Versammlung, hätte ich es nie gehört.« Da kann man nur antworten: »Du *bist* hier gewesen. Du *hast* es gehört.«

»Ja, aber wenn ich in Korinth geboren wäre, nicht in Athen, dann würde ich etwas ganz anderes glauben.«

»Du bist nicht in Korinth geboren, sondern in Athen, und du hast das jetzt gehört.«

Wir können nicht aus unserem Leben in den Konjunktiv aussteigen. Wir müssen in den Indikativ kommen. Sonst ist es so wie mit dem barmherzigen Samariter in der Geschichte, wo der Priester und der Levit vorbeigehen. Der eine sieht den Verwundeten liegen und denkt vielleicht: Eigentlich wollte ich sowieso Donnerstag hierherkommen. Heute ist Freitag. Wäre Donnerstag, läge der nicht hier, bräuchte ich ihm auch nicht zu helfen. – Das ist Flucht aus der Realität in den Konjunktiv. Wir können aus unserer Lebensgeschichte nicht aussteigen.

Jesus-Sätze für Skeptiker

Jesus hat für Skeptiker mindestens drei Sätze genannt.

»Wenn du wissen willst, ob das, was ich sage, von Gott ist, dann wirst du es herausfinden, indem du es tust« (Johannes 7,17). Das ist für Skeptiker. Skepsis heißt »prüfend aus der Distanz betrachten«. Jesus sagt: Wenn du es herausfinden willst, mußt du deine Distanz aufgeben. Das gilt für alle Bereiche; wir werden das Leben nur erfahren, wenn wir unsere Distanz aufgeben. Viele Menschen würden gerne nach allen Seiten offen sein. Das geht aber nicht. Wir haben lauter Möglichkeiten vor uns, aber in jeder Sekunde wird nur eine dieser vielen Möglichkeiten zur Wirklichkeit. Und wer sich nicht entscheidet und alle Möglichkeiten offenhält, bewahrt damit nicht sein Leben, sondern verliert es. Er oder sie wird von den Entscheidungen anderer gelebt. Freiheit ist zunächst eine Leerformel. Sie wird erst mit Inhalt gefüllt, wenn wir fragen: Frei wofür? Sich entscheiden heißt, daß wir auf das antworten, was wir von Jesus verstanden haben. Der Einstieg könnte das Gebet zu Jesus Christus sein, der uns kennt.

Eine zweite Antwort Jesu an die Skeptiker ist aus einem

anderen Gespräch überliefert: Einmal spotten die Menschen über die Botschaft von der Auferstehung der Toten und sagen zu Jesus: »Ja, wie ist das denn, wenn eine Frau mehrfach verheiratet war und in den Himmel kommt? Mit wem ist sie dann da verheiratet?« (Matthäus 22,28) Das ist ja eine außerordentlich mißliche Angelegenheit – die ganze Wohnungsfrage, und was alles kommt. Da antwortet Jesus diesen Leuten: »*Eure Vorstellung ist außerordentlich begrenzt. Ihr kennt weder das Wort Gottes, noch seine Kraft. Der, der die Welt geschaffen hat, der hat auch die Kraft, eine neue Welt zu schaffen, wie er es verheißen hat.*« Gott wird eine neue Welt schaffen, ohne Leid, ohne Tod. Eine Welt, wo unser Leib verwandelt wird (Offenbarung 21, Philipper 3,21). Es wird Freude sein im Himmel, und die Hölle hat kein Vetorecht darüber. Wenn wir uns das nicht vorstellen können, liegt das an unserer Begrenztheit, nicht an Gott. Manche stellen sich die Ewigkeit so vor wie in dem Stück »Ein Münchner im Himmel« (Ludwig Thoma). Morgens drei Stunden »halleluja«, nachmittags drei Stunden »hosianna«. Wer will da hin? Kein Mensch. Wenn das unsere ganze Vorstellung vom Leben mit Gott ist und uns das langweilig vorkommt, liegt es nicht an Gott. Der ist nicht langweilig. Das kann man sich schon vorstellen, wenn man sich die Natur ansieht.

Die dritte Antwort Jesu: »*Ihr macht alle die Erfahrung, daß ihr einen Vater oder Freund um Brot bittet, und er gibt es euch. Er speist euch nicht mit Steinen ab. Und wenn ihr um einen Fisch bittet, bekommt ihr keine Schlange. Warum glaubt ihr, daß euer Vater im Himmel ein Falschmünzer ist, daß er euch nicht das gibt, um was ihr ihn bittet? Gott ist gut zu denen, die ihn bitten.*« (Lukas 11) Hier knüpft Jesus an die alltägliche Erfahrung an. Ihr seid böse und macht doch euren Kindern und Freunden Freude. Warum glaubt ihr, daß

Gott euch reinlegt? Skeptikern, die nicht glauben, daß Gott das Gute in ihrem Leben will, ist das gesagt. Warum glaubt ihr, daß Gott auf euer Gebet nicht positiv antwortet? Als ich das einmal in einer Diskussion vortrug, argumentierte jemand (ganz neuzeitlich!) mit einer Ausnahme: »Da kenne ich Leute, die hatten so eine harte Jugend, die kennen das gar nicht, Freundschaft und Vaterschaft. Alles ganz übel. Denen fehlen diese ganzen Erfahrungen.«

Wir argumentieren sofort mit Ausnahmen, nicht mit dem, was normal ist. Aber wer so argumentiert, hat nicht recht, denn keiner von uns wäre am Leben, wenn er nicht diese Erfahrung gemacht hätte. In seinem Buch »Die Kunst des Liebens« schreibt Erich Fromm über das Land, in dem »Milch und Honig« fließt.[31] Das sei es, was wir alle bekommen hätten. – Milch ist die normale Grundausstattung. Wir kommen total abhängig auf diese Welt und können nur überleben, wenn wir mit Milch versorgt und behütet werden. Man muß allerdings zugeben – mit dem Honig ist es bei einigen ein bißchen dürftig ausgefallen. Aber Milch haben wir alle bekommen, sonst wären wir nicht da. Milch und Honig sind Bilder dafür, wie Gott uns seine Güte zeigt.

Wofür reden?

Jesus spricht mit Skeptikern, indem er bei den Erfahrungen anknüpft, die diese Menschen wirklich gemacht haben – Freundschaft und Zuverlässigkeit innerhalb von Beziehungen. So können auch wir lernen, bei menschlichen Erfahrungen anzuknüpfen, damit wir vielleicht verstehen, was es heißt: Gott liebt uns.

Christen sind den Menschen ihrer Umgebung das Evangelium schuldig. Gott arbeitet nach dem Delegationsprinzip. Er hätte auch alles anders machen können. (Das ist auch ein Konjunktiv. Hätte Gott nicht auch alles anders machen können? – Selbstverständlich! Aber wir müssen über das sprechen, wie es ist, und nicht über das, wie es hätte sein können.) Es hätte alles ganz anders kommen können, aber wir müssen uns mit den Realitäten befassen, wie sie momentan sind. »Ich will dich segnen, *damit du ein Segen bist*«, sagte Gott zu Abraham (1. Mose 12,2). Das ist eine biblische Struktur: Christen ist etwas gegeben, nicht, um es selber zu verbrauchen, sondern um es weiterzugeben. »Und wer ein Dieb war, der stehle von nun an nicht mehr, sondern arbeite, *damit er etwas habe, um es denen zu geben, die bedürftig sind*« (Epheser 4,28). Christen haben auch das Evangelium, um es weiterzugeben.

Nun leben wir in Westeuropa als außerordentlich skeptische Generation. Wie kann ich anderen etwas sagen, was ich selbst noch nicht ganz begriffen habe? Auch dann können wir etwas sagen! Man muß nicht jede Frage beantworten können. Es ist gut, wenn wir auch Fragen an uns herankommen lassen. Es macht Menschen nicht sympathischer, wenn sie wie ein Automat auf jede Frage gleich die richtige Spruchkarte ziehen. Christen sollen sich in Ruhe auf eine Frage einlassen, sich zu dem anderen hinwenden, ihm Zeit geben; vielleicht einen Dritten fragen, wenn sie nicht weiterkommen, oder ein Buch zum Thema lesen. Zeit und Liebe gehören eng zusammen. Und Zuhören und Liebe. Der Mensch hat zwei Ohren und nur einen Mund, soll also doppelt so viel hören wie reden. Das gilt natürlich auch im Verhältnis zu Skeptikern.

Das ganze argumentative Bemühen von Christen hat *ein* Ziel. Es will den Menschen dahin führen, daß er selbst weiß: Es kommt jetzt auf mich an. Jetzt muß ich selbst weitergehen. Christen können Steine wegräumen, aber niemanden in das Reich Gottes hineinargumentieren. Doch sie sollen Menschen zu Jesus hinführen. Sie sollen ihnen sagen, worin das Subjektive und das Objektive des Glaubens besteht. Mehr können sie nicht machen.

Daß Gott sich ausgerechnet in einem Gekreuzigten offenbart, ist ein Ärgernis, das Christen nicht wegschaffen können. Aber sie können helfen, daß Leute nicht an der falschen Stelle ein Ärgernis bekommen, zum Beispiel, wenn sie feststellen: Die Christen haben den Verstand alle schon an der Garderobe abgegeben. »Seid keine Kinder im Denken« (1. Korinther 14,20). Und: »Wir sollen Gott lieben mit unserem ganzen Denken« (Lukas 10,27).

Eine Grenze des ganzen Argumentierens besteht darin, daß man sich zuviel mit Argumenten beschäftigt und zuviel über die Existenz Gottes *diskutiert*. So, als hätte Gott nichts weiter zu tun, als zu existieren. Das ist gar nicht das Wichtigste. Es kann sonst passieren, daß einer vollkommen beschäftigt ist, Gott zu beweisen in allen möglichen Diskussionen und Debatten, aber selbst gar keine Zeit hat, sein Leben vor Gott zu leben. Das Entscheidende ist, darauf zu kommen, was Gott für unser Leben bedeutet. Auch sollten wir in den Diskussionen darauf achten, ob der Heilige Geist noch dabei ist. Manche Debatten abends von elf bis eins sind zwar außerordentlich reizvoll, bringen aber nichts mehr.

»Ich brauche Gott nicht«

Manche Menschen sagen von sich: »Ich habe alles, ich brauche keinen Gott, ich bin glücklich!« Da kann man nur gratulieren, denn daß ein Mensch wirklich glücklich ist, trifft man außerordentlich selten. Man sollte nicht versuchen, ihm sein Glück auszureden!

Wer keine Frage hat, dem kann man auch schlecht eine

Antwort geben. Wie kann man jemand zum Fragen nach Gott bringen? Nicht, indem man ihm das Glück ausredet oder ihn beneidet, sondern indem man ihm sagt, daß er sich mit zu wenig zufrieden gibt. Mit *etwas* vom Leben, aber nicht mit dem Leben selbst. Daß er unter seiner Berufung lebt und die Bestimmung seines Lebens verfehlt. Das Entscheidende in der Nachfolge Jesu Christi ist nicht, ein glückliches Leben zu führen, sondern etwas zur Ehre Gottes zu sein und zur Hilfe für andere Menschen, nach der persönlichen Begabung. Das ist das Ziel, das Gott gemeint hat, und das verfehlt dieser Mensch.

Man kann allerdings dem andern nicht versichern, als Christ werde er sich immer glücklich fühlen. Wenn wir Gott kennen, werden wir zwar glückliche Menschen, aber manche Wege, die Gott uns führt, sind schwierig, und wenn wir Glück als oberstes Prinzip hätten, könnte das in der Nachfolge Jesu Christi Probleme geben.

Wenn jemand glaubt, Gott nicht zu brauchen, ist das Wichtigste, was man für ihn tun kann, das Leben und das Evangelium mit ihm zu teilen: Interesse für ihn haben, sich mit ihm verabreden, ihn einladen oder besuchen, ihn fragen, was ihn interessiert. Es hat keinen Sinn, immer von Jesus zu reden. Einmal muß davon gesprochen werden, daß Jesus Christus der Herr der Welt ist und auch der Herr meines Lebens, aber es hat keinen Sinn, immer davon zu sprechen wie ein Automat. Denn es ist ja auch ein Prozeß, so eine Begegnung mit einem Menschen, der sagt: »Ich habe alles.«

Genauso wichtig ist in diesem Zusammenhang das Gebet für den anderen Menschen. Für ihn oder sie zu beten, daß Gott das Herz aufschließt, daß er den Christen auch Geistesgegenwart in den Gesprächen gibt und ihnen zeigt, wo vorbereitete Verhältnisse sind.

Ich hatte einen Freund, der Christ war. Während ich über den Glauben nachdachte und kein Christ war, sagte er einmal zu mir: »Daß du dich mit diesen Fragen beschäftigst, liegt daran, daß ich für dich bete.« Das hat mich außerordentlich geärgert. Ich würde deshalb nicht empfehlen, das weiterzusagen, obwohl ich heute glaube, es hat wirklich daran gelegen, daß jemand für mich gebetet hat.

Das Gebet ist wichtig. In der Offenbarung 3 heißt es, daß Christen zwar eine kleine Kraft haben, aber daß Gott ihnen eine offene Tür gegeben hat. Was für die Gemeinde gilt, gilt auch für einzelne: Darum zu beten, daß sie die offenen Türen erkennen.

Der Absolutheitsanspruch des Christentums

Jemand ist gegen den Absolutheitsanspruch im christlichen Glauben. Wenn wir mit ihm darüber in ein Gespräch kommen wollen, versuchen wir zunächst herauszufinden, was der Hintergrund für diese Haltung ist. Ist für ihn alles gleich richtig, weil alles gleichgültig ist? Dann ist das Problem nicht die Absolutheit, sondern ganz andere Fragen und falsche Voraussetzungen, über die man zuerst reden muß.

Andere Religionen

Wenn er positiver argumentiert und sagt, alle Religionen führen zu Gott, können wir ihn fragen, wie gut er diese Religionen kennt, daß er das weiß. Es wäre vielleicht auch gewinnbringend, sich gemeinsam über andere Religionen zu informieren. Wie ist das Verhältnis zur Erlösung in anderen Religionen, der Weg zur Erlösung? Was wird über das Leid ausgesagt? Warum ist es da? Was macht man dagegen? Wie wird Armut gesehen? Was ist gleich, was ist verschieden in diesen Religionen?

Wenn er argumentiert: »Was wäre, wenn ich ein Moslem wäre?«, kennen Sie meine Antwort schon. Wir sollten ihm aus diesem Konjunktiv heraushelfen.

Wenn er sagt: »Was wäre, wenn ich noch nie davon gehört hätte?«, kann ich ihm antworten: »Das trifft überhaupt auf niemanden zu, dem ich begegnet bin.«

Aber ich muß nicht selbst alle Fragen beantworten! Ich bin nicht der Advokat Gottes, ich kann sagen: »Die Antwort auf diese Frage weiß ich nicht, aber ich kann Antwort darauf geben, wie man zu Gott kommen kann.«

Und dann müßte man ihn fragen, ob er wirklich daran interessiert ist, die Wahrheit kennenzulernen. (Jesus zu den Skeptikern: »Wenn du die Wahrheit wissen willst . . .«) Wenn er es wirklich wissen will, dann erkennt er es auch.

Vielleicht können wir mit ihm darüber reden, daß wir als Menschen nicht in der Rolle des Schiedsrichters oder des Kritikers sind, sondern in der von Bedürftigen. Manche denken ja, wir sind Oberschiedsrichter, oben irgendwo objektiv in den Wolken, und unten haben wir sechs bis acht Religionen und Philosophien, und da gibt es einige Menschen, die sich entscheiden, und andere eben nicht. Alles ist irgendwie gleichwertig.

Das ist jedoch nicht unsere Situation als Christen. Wir finden uns als historisch in die Welt gesetzte Wesen vor, als Bedürftige, die angewiesen sind, daß uns jemand anders sagt, wer wir sind, wo wir herkommen und wo wir hingehen. Wir brauchen diese Antwort für die Zeit und, wie uns gesagt wird, für die Ewigkeit.

Es stimmt auch nicht, daß wir objektiv sind. Denn unsere Ablehnung von Religion oder von Jesus Christus ist ja meistens nicht auf unserem Mist gewachsen, sondern wir haben sie von unseren Eltern übernommen, oder als Reaktion gegen unsere Eltern, oder aus der Schule oder aus irgendwelchen Büchern. Es ist ja nicht so, als ob jemand selbst darauf gekommen wäre. Deshalb muß man fragen: Wer hat dich beeinflußt und warum? Warum glaubst du das?

Wir können auch sagen, daß wir etwas von der Wahrheit wissen, und daß es Wahrheit gibt. »Wahrheit ist die

Art von Irrtum, ohne welche eine bestimmte Art von lebendigen Wesen nicht leben könnte« (Nietzsche)[32]. Da ist die Vorentscheidung gefallen, daß es keine Wahrheit gibt. Wenn jemand das vertritt, können wir fragen: »Woher weißt du das? Du machst in deinem Leben oft die Erfahrung, daß Dinge richtig sind und andere falsch. Warum glaubst du, daß das im Geistlichen nicht so ist? Du machst die Erfahrung in deinem Beruf und in menschlichen Beziehungen, daß es ein gewisses Ursache-Wirkung-Schema gibt. Warum glaubst du, das gebe es nicht auch im geistlichen Bereich?«

Worauf sind wir bezogen?

Wer sagt, das sei alles relativ, hat recht. Es ist tatsächlich alles relativ, wenn man nämlich vom Wort ausgeht. Das heißt: »bezogen auf«. Es ist alles auf etwas bezogen. Das Gegenteil, absolut, heißt eigentlich »losgelöst«. Es gibt nichts Absolutes, jedenfalls nicht für uns Menschen. Wir sind alle auf etwas bezogen. Auch unsere Werte sind relativ, auf etwas bezogen. Die Frage ist, worauf? Was ist der oberste Wert? Auf welche Werte sollen wir uns beziehen?

»Ein guter Mensch sein« – auch das ist relativ. Wer entscheidet darüber, was Güte ist? Was ist der Maßstab, nach dem du glaubst, daß du gut bist?[33] Um wieder ein extremes Beispiel zu nehmen: Man geht zum Arzt, und der sagt: »Wenn Sie so weitermachen, werden Sie nicht mehr lange leben. Sie sollten auf Salz und auf Fett, auf Bier, Nikotin und Alkohol verzichten.« Hat der Arzt gesagt, was gut ist? Er hat nur gesagt, was gut ist, wenn mein oberstes Ziel heißt, lange zu leben. Vielleicht will ich lieber kurz und intensiv leben als lang und langweilig. »Gut« ist immer relativ. Es muß ein oberstes Ziel geben, auf das bezogen etwas gut oder schlecht ist.

In einem noch krasseren Fall droht ein Räuber: »Geld oder Leben!« Dann würde man entweder sagen: »Ach, lieber das Leben, und nehmen Sie das Geld doch bitte mit.« Oder: »Ich kann mir mein Leben ohne mein Geld nicht mehr vorstellen. Ich möchte es auf jeden Fall behalten.« Was verstehen wir unter »gut«?

Wenn wir reich werden wollen, kann uns ein Bankier sagen, wie wir das am besten machen. Aber nur in bezug auf diese Frage kann er uns sagen, was gut ist. Wenn wir lieber unser Geld für andere Dinge ausgeben wollen, kann er nichts sagen.

Es ist tatsächlich alles relativ. Nicht im Sinne von gleichgültig. Das kann niemand leben. Sondern bezogen auf etwas, denn als geschaffene Wesen brauchen wir etwas, was Bestand hat in unserem Leben. Keiner von uns hat sich das Leben selbst gegeben, wir sind abgeleitete Wesen. Wir müssen uns verlassen auf etwas anderes, auf jemand, um Bestand zu gewinnen.

An diesem Punkt werden Christen in einem Gespräch nicht umhinkommen, etwas zu verkündigen, nämlich daß Gott von seinem Wort gesagt hat, es habe Bestand. Gott, der die Welt geschaffen hat, hat sich uns offenbart. Von selbst hätten wir keine Kenntnis von Gott, aber er ist auf diese Welt gekommen und hat in diese Welt hineingeredet und gesagt, daß sein Wort Bestand hat. Wir brauchen Beständiges. Was wir selbst hervorbringen, ist vergänglich. Wenn wir nicht umkehren zu Gott, der Bestand hat, werden wir keinen haben.

Was ist einzigartig an Jesus?

Wenn jemand nach der Absolutheit des Christentums fragt, meint er vermutlich: Warum ist das Christentum nicht so wie andere Religionen und Philosophien? Was ist einzigartig an Jesus Christus? Denn das ist ja klar, der christliche Glaube hängt an Jesus. Christen nennen sich die Menschen, die sich ihr Leben ohne Jesus Christus nicht mehr vorstellen können.

Einzigartig an Jesus ist die Auferweckung und daß er das Lied vom Tod überwunden hat. Er kam und sagte: »Ich gebe mein Leben als Lösegeld für viele« (Matthäus 20,28). Er hat das Lied des Lebens so angestimmt, daß Vergebung möglich war. Er hat Menschen geheilt und ihnen vergeben. Das war etwas ganz Revolutionäres und wirklich Einzigartiges. Die Leute damals im Neuen Testament hatten ein Gespür dafür und regten sich darüber auf. In Markus 2 wird ein Gelähmter zu Jesus gebracht, und er, der ihm noch nie begegnet ist, sagt ihm: »Deine Sünden sind dir vergeben.« Das ist doch ganz komisch! Die beiden sind sich noch nie begegnet, warum kann der seine Sünden vergeben? Was hat er damit zu tun? Die Leute reagieren sofort, wie man nachlesen kann: »Er lästert, er hält sich für Gott!« Denn Sünden vergeben kann nur Gott allein, der die Menschen geschaffen und die Gebote gegeben hat. Wenn ein Mensch auftritt und zu einem anderen, den er noch nie gesehen hat, sagt: »Deine Sünden sind dir vergeben«, setzt er sich Gott gleich.

Die Größe Gottes besteht darin, daß er, der nur Licht ist, Schuld vergibt und den Menschen einen Neuanfang gewährt. So kann der Mensch zugeben, daß er Sünder ist. In Micha 7 heißt es: »Wo ist ein Gott wie du, der Schuld vergibt?« Sie ist ausgelöscht, »versenkt ins äußerste Meer«.

Wie im Computer gelöscht. Die Schuld ist einfach verschwunden, sie kommt nie wieder vor. Einzigartig ist auch das, was Jesus über sich selbst sagt. »Ich bin die Wahrheit; niemand kommt zum Vater außer durch mich« (Johannes 14,6). »Bevor Abraham war, war ich schon« (Johannes 8,58). »Ich bin ich«, heißt es sogar; das knüpft an die Selbstbezeichnung Gottes an: »Ich bin, der ich bin« (2. Mose 3,14).

Man könnte das mit dem vergleichen, was andere Religionsstifter von sich sagen. Nach diesen Selbstaussagen war Jesus offenkundig verrückt. Nicht einmal Hitler war so verrückt, etwas Derartiges über sich zu sagen. Wenn man sich andererseits sein Leben ansieht, scheint er nicht verrückt gewesen zu sein; er war freundlich, tolerant, demütig, schlagfertig. Wie paßt das zusammen? Entweder war er verrückt, oder es stimmt, was er sagt. In jedem Fall war er nicht harmlos. Die Leute hatten keine Langeweile, wenn sie mit Jesus zusammenwaren. Sie regten sich auf oder freuten sich. Eine andere Wahl ließ er nicht.

Wer mit anderen von der Einzigartigkeit des Christentums reden will, muß auf Jesus hinweisen.

Gewißheit

Wie kommt man zur Gewißheit? Indem man auf das antwortet, was man von Jesus verstanden hat, und mit dem lebt, was man glaubt. Es kann auch eine Hilfe sein, bei anderen Christen zu sehen, wie sie Dinge mit Jesus besprechen und mit Menschen umgehen.

Wie kann man einen Anfang mit Jesus machen? Wir haben oben schon die drei Punkte genannt: Gebet, Bibellesen und Gemeinschaft, daß man auf diesem Weg beginnt.

Wenn wir uns im Neuen Testament mit Jesus beschäftigen und ihn ansehen, stellen wir etwas Ermutigendes fest: Nicht wir suchen Gott, sondern vor allen Dingen hat Gott uns gesucht in Jesus Christus. »So sehr hat Gott die Welt geliebt, daß er seinen eingeborenen Sohn für uns gab« (Johannes 3,16). »So wie Mose die Schlange in der Wüste erhöht hat, so werden alle, die Jesus Christus ansehen, ewig leben.« Die Geschichte mit der Erhöhung der Schlange erzählt von einem Ereignis während der Wüstenwanderung des Volkes Israel. Wenn man die eiserne Schlange ansah, wurde man vom Todesbiß lebendiger Schlangen geheilt (4. Mose 21). Nach Aussage der Bibel hat der Mensch den Todesbiß empfangen, weil er sich von Gott, dem Ursprung des Lebens, abgewandt hat. Es gibt nur einen Weg zum Leben zurück für den, der geistlich tot ist: Daß er zu Gott umkehrt. Diese Möglichkeit gibt es durch Jesus Christus. So beginnt also ein Weg.

Im Zweifelsfall sollten wir immer lieber zum Neuen Testament greifen, als uns nur auf Aussagen von Menschen zu verlassen. Die Bibel enthält First-Hand-Information, sie hilft uns, im Glauben selbständig zu werden, selbst vor Gott zu beten, einen Weg zu beginnen, zu antworten auf das, was wir von Gott erfahren haben. Das ist Teil einer verborgenen Geschichte, die jeder Mensch mit Gott hat.

Die Kriminalautorin Dorothy Sayers hat auch einige christliche Werke geschrieben. In einer ihrer Kriminalgeschichten[34] wird jemand beerdigt, dessen Identität die anderen nicht kennen. Dabei wird aus Hiob vorgelesen: »Wir haben nichts mit hineingenommen und werden auch nichts wieder mit hinausnehmen.« Der Detektiv, die Heldenfigur, sagt: »Außer unsere Geheimnisse. Die nehmen wir doch mit.« Wir haben in diese Welt nichts mit hineingenommen, aber unsere Lebensgeschichte, unsere verborgene Geschichte mit Gott werden wir mit hinausnehmen. Da hat sich etwas ereignet, was andere nicht wissen.

Das, worüber wir in diesem Buch bisher nachgedacht haben, waren Vorfragen und Argumente, die wichtig sind. Argumente müssen geprüft werden. Aber das Entscheidende passiert dort, wo sich jemand für Gott öffnet. Dabei geht es nicht nur um das Denken, sondern auch um unser Herz, unseren Willen und unser Gewissen. Daß wir nämlich umkehren zu Gott und uns vor ihm beugen.

Leid und Liebe Gottes

Persönliches Leid

Das Leiden, persönliches oder fremdes, löst immer wieder Fragen und Zweifel an Gott aus. Deshalb möchte ich ihm ein eigenes Kapitel widmen.

Das Leid, das ein Mensch erfährt, ist sozusagen der Ernstfall, in dem sich seine Weltanschauung bewähren muß. In der Krise wird sich zeigen, wie stark unsere Hoffnungen sind, wie tragfähig unser Trost ist. Zu diesen Krisen muß man Einsamkeit, Schuld, Leid und Tod zählen.

»Leiden« hängt mit dem mittelhochdeutschen »lidan« zusammen; das heißt »in die Fremde ziehen«. Wir sind entfremdete Menschen, wir sind nicht in unserer Heimat, und deshalb leiden wir.

Es gibt verschiedene Leiden, kleinere und größere. Die kleineren beginnen für viele schon mit dem morgendlichen Aufstehen. Dort zeigt sich die Entfremdung des Menschen für manchen als harte Realität. Schwerwiegendere Leiden sind Kopfschmerzen, Zahnschmerzen, Heimweh oder Prüfungsangst. Man kann auch unter dem Gedanken leiden: Was halten die anderen von mir? Das größte Leid ist wohl der Verlust eines geliebten Menschen durch Abschied oder Sterben.

Es gibt verschiedene Abstufungen des Leidens, aber wir sind alle Leidende. Keiner von uns ist ausgenommen.

Die einen leiden an ihrer Biographie, an ihrem Elternhaus. Andere leiden unter ihrem Schicksal als Einzelkind. Wieder andere leiden unter ihrem Schicksal als Sandwich-Kind: Es war ein Kind über ihnen und gleich eines nach ihnen; sie blieben immer in der ungünstigen Mittellage.

Dann gibt es Menschen, die an ihrer religiösen oder an einer anderen Erziehung leiden. Vielleicht leiden sie auch daran, daß sie gar nicht erzogen wurden, weil die Eltern ihnen alle Wege offen halten wollten und ihnen nicht zeigten, welchen sie einschlagen sollten. Manche leiden unter ihrem Aussehen, an gesundheitlichen oder intellektuellen Schwächen oder an ihrer Kontaktarmut. Es gibt Menschen, die unter der Sinnlosigkeit ihres Lebens leiden. Der Mensch lebt nicht von der Arbeitslosenunterstützung allein, hat Viktor Frankl sinngemäß geschrieben. Manche leiden darunter, nicht richtig lieben oder sich nicht wirklich freuen zu können. Andere leiden an den Zuständen in dieser Welt oder an unserer deutschen Geschichte.

Ich habe besonders darunter gelitten, daß ich als Einzelkind ein sehr starker Einzelgänger und überaus kontaktarm war. Auch an der Frage nach dem Lebenssinn habe ich gelitten. Wenn mit dem Tod alles aus ist – wofür lohnt sich dann der Lebenseinsatz?

Schließlich habe ich vor einigen Jahren durch einen Verkehrsunfall meine Familie verloren. Ohne eine Vorwarnung sind meine Frau und unser Kind bei einem Unfall ums Leben gekommen. Diese Familie, diese Ehe waren für mich eine Hilfe gewesen, um heil und gemeinschaftsfähig zu werden. Ohne Vorwarnung, sozusagen mit einem chirurgischen Eingriff, wurde ich von meiner Familie amputiert. Bei der Beerdigung, als die Särge ins Grab gelegt wurden, wußte ich, daß wir, wenn wir um Tote trauern, sehr oft eigentlich um uns selbst trauern, denn wir haben Hoffnungen gehabt, von denen wir glaubten, sie würden durch diese Menschen erfüllt. Ich habe auch selbst an diesem Unfall gelitten, denn ich war lebensbedrohlich verwundet und lag nacheinander in verschiedenen Krankenhäusern. Dort konnte ich ein Scherzwort von Tucholsky bestätigen:

»Wenn zwei Ärzte einer Meinung sind, ist einer davon gar kein Arzt.«[35] Das ist für den Patienten nicht gerade leicht.

Ich leide auch darunter, was in dieser Welt geschieht und was in der Geschichte schon geschehen ist, wenn man sich aus den Zahlen, aus der Masse an Fakten, das Einzelschicksal vergegenwärtigt. Wie können wir das Leiden bewältigen? Was wir im Leiden suchen, ist nicht so sehr eine intellektuelle Erklärung, sondern Trost. Wie kann man mit einer sinnlos erscheinenden Erfahrung weiterleben?

Eine intellektuelle Erklärung kann auch ein Trost sein. Denn wenn wir wissen, woher das Leid kommt, kann uns das trösten. Aber das, was wir eigentlich suchen, ist die Zuversicht, das Leben in der Gegenwart und in der Zukunft weiter bestreiten zu können, trotz des Leidens. Unter Trost verstehe ich dabei keine Vertröstung, sondern ich meine einen Trost, der uns hilft, keine Fragen ausklammern zu müssen. Vertröstung muß allerdings nichts Negatives sein. Jeder Arzt vertröstet seinen Patienten. »Nach der Behandlung wird es besser sein.« Negativ ist die Vertröstung dann, wenn ihr Inhalt sich nicht als wahr herausstellt.

Der Soziologe Peter Berger beschreibt folgende Situation[36]: Eine Mutter wird nachts durch ihr schreiendes Kind aufgeweckt. Das Kind ist aufgewacht, es sieht in der Dunkelheit sozusagen das Chaos um sich herum und schreit. Die Mutter läuft zu ihm hin, nimmt das Kind in den Arm und sagt: »Es wird schon alles wieder gut!« Nun fragt sich Peter Berger: Wenn der Tod sowohl das Leben der Mutter als auch das des Kindes einmal endgültig verlöschen läßt, dann war das wohl nicht ganz die richtige Antwort. Denn es wird ja gerade nicht alles wieder gut. – Es ist kein Trostwort, das das ganze Leben über hält, obwohl sehr viele Menschen sich immer wieder nach den Trostworten ihrer Mütter zurücksehnen.

Trotzdem glaube ich, daß dieses Trostwort dem Kind hilft, wieder einzuschlafen und diese Nacht wenigstens gut zu überstehen.

Intellektuelle Probleme mit dem Leid

Das Leid wirft Fragen auf, auch Fragen nach Gott, und zwar auf der intellektuellen und der existentiellen Ebene.

Intellektuelle Fragen sind: Wie gehören Leid und Liebe in dieser Welt zusammen? Wie kann das Leid erklärt werden? Wie kann man dann noch von der Liebe Gottes reden? »Leid und Liebe Gottes« beschreibt ein Problem, das nur im christlichen Bereich auftauchen kann, dort, wo man davon gehört hat, daß es einen liebenden Gott gibt.[37] Wenn wir davon nie gehört hätten, würden wir uns über das Leid nicht in dieser Weise aufregen. Was wir als Betrug empfinden, ist der Eindruck, das Leid passe nicht zusammen mit der Wirklichkeit, wie sie sein sollte. Leid ist uns ein Indikator, daß etwas nicht in Ordnung ist. Wenn wir dann noch hören, daß es einen liebenden Gott gibt, verschärft sich das Problem. »Was heißt hier liebender Gott angesichts des Leids, das ich um mich herum erlebe? Irgend etwas ist in dieser Welt nicht in Ordnung.«

Woher kommt das Leid?

Nach Aussage der Bibel ist die Bestimmung des Menschen die Gemeinschaft mit Gott, der ihn geschaffen hat. Gott hat den Menschen zu seinem Gesprächspartner geschaffen, weil er ihn liebt. Der Mensch hat sich selbst aus dieser Gemeinschaft mit Gott herausgesündigt. Das ist die Geschichte, die man auf den ersten Seiten der Bibel nachlesen kann. Da der Mensch nicht mehr Gott vertrauen wollte und nicht mehr mit Gott zusammenlebte, der allein das Leben ist, wurde er sterblich. Gott ist das Leben, er hat das Leben geschaffen. Wenn wir uns von ihm abwenden, kommen wir aus diesem Bereich heraus. Der Tod wird in der Bibel als Konsequenz der Sünde gesehen. Der Mensch hat sich losgelöst. Es folgt der soziale Sündenfall: erster Brudermord, Haß, Bitterkeit und Unversöhnlichkeit, genau das, was wir um uns herum erleben und was offenkundig in der ganzen Geschichte der Menschheit immer gleich war.

Homer gebraucht dafür das Bild vom Bogenschützen, der am Ziel vorbeischießt.[38] Das meint das Neue Testament mit »Sünde«. Es gibt eine Bestimmung für den Menschen, aber er verfehlt sein Ziel. Der Sündenfall ist nicht nur etwas, was weit in der Geschichte zurückliegt, sondern was wir auch beständig in unserem eigenen Leben wiederholen. Wir benehmen uns zum Beispiel so, als ob wir ohne Gott unser Leben führen wollten, um dabei über andere zu verfügen und nach eigenen Maßstäben voranzukommen.

Wie sollen wir denn handeln?

Der Mensch hat sich vom Ursprung des Lebens gelöst und damit auch sein Ziel verfehlt. Man kann da einfache Kriterien anwenden. Zum Beispiel sagt Jesus einmal im Neuen Testament: »So wie du behandelt werden willst, so behandle den anderen« (Matthäus 7,12). Wie oft behandeln wir andere Menschen nicht so, wie wir behandelt werden wollen! Wir leben ständig diese Trennung von Gott.

Natürlich haben wir in solch einem Fall, wenn wir andere Menschen (leider auch solche, die wir eigentlich lieben) nicht so positiv behandeln, immer gute Begründungen. Wir schieben das etwa auf die Umstände: Wir waren müde, es war Streß, der andere hat angefangen. Eigentlich sind wir der friedlichste Mensch der Welt, nur das geht einfach zu weit. Wir haben dauernd Entschuldigungen dafür, daß etwas nicht so gelingt, wie es soll, obwohl wir eigentlich wissen, es war nicht ganz richtig, wie wir uns verhalten haben. Aber im Kern halten wir uns für gut.

Es kann allerdings sein, daß für uns eher das Bild einer Zitrone paßt: Wenn man die nämlich drückt, kommt saurer Saft heraus. Der Saft ist aber nicht sauer geworden, weil man darauf gedrückt hat, er war schon sauer. Durch den Druck ist nur herausgekommen, was drin war. Es könnte sein, daß dies ein gutes Bild für uns selbst ist. Unter Druck kommt das heraus, was in uns ist, und wir halten uns vielleicht nur deshalb für gut, weil es nie geprüft wurde, weil die Menschen uns meiden; denn sie wissen, was passiert, wenn sie uns einmal ernsthaft auf etwas ansprechen, daß wir dann nämlich unter Druck so sauer reagieren wie die Zitrone.

Wer ist verantwortlich?

Das meiste Leid und Elend in dieser Welt ist von Menschen selbst verschuldet. Deshalb ist es immer etwas kurios, wenn Menschen Gott für das Leid in dieser Welt verantwortlich machen. Was hat Gott mit Auschwitz zu tun? Da haben Menschen Menschen umgebracht. Die Geschichte von Auschwitz hat über das Bild des Menschen nichts hinzugefügt über seine Fähigkeit zum Bösen, was wir nicht schon aus 1. Mose 4, dem Brudermord von Kain und Abel wußten. Es war eine Frage der Quantität, nicht der Qualität. So hat sich der Mensch wohl immer verhalten, wenn er die Möglichkeit dazu hatte. Es ist eine eigenartige Anschauung, daß wir Gott für Dinge verantwortlich machen wollen, die Menschen einander antun.

Trotzdem ist das für viele Leute ein Problem: Gott hat die Welt geschaffen. Kann er nicht verhindern, daß sich seine Menschen gegenseitig abschlachten? Hat er nicht letztlich schuld daran? Wie in dem Witz: »Ich frier mir die Finger ab. Geschieht meinem Vater ganz recht, warum kauft er mir keine Handschuhe!«?

Darin stecken mehrere Probleme. Welcher Mensch ist kompetent, das zu beantworten? Ich fühle mich nicht in der Lage, Gott zu verteidigen. Erstens hat er es nicht nötig, und zweitens war ich nicht dabei, als die Welt geschaffen wurde. Ich bin angewiesen auf das, was Gott im Laufe der Zeit über sich offenbart hat durch seine Worte und sein Handeln.

Vielleicht hilft ein Bild weiter: Wenn Gott den Menschen zur Gemeinschaft mit ihm, zu Begegnung und Liebe geschaffen hat, gehört dazu auch das Element der Freiheit. Marionetten können nicht lieben.

Ein anderer Gedanke dazu: Wir erfahren, daß wir in bestimmten Situationen die Möglichkeit haben, ja oder nein zu sagen. Vielleicht müßte der Mensch den Menschen also nicht umbringen, vielleicht müßten wir nicht so lieblos und selbstbezogen sein. Wir können jedenfalls nicht sagen, daß Gott schuld daran ist, wenn wir einen anderen umbringen.

Viele machen es sich damit auch zu einfach. Die meisten Menschen fragen in ihrem Leben nicht nach Gott, weder nach seinem Willen, noch nach seinen Geboten, und versuchen auch nicht, danach zu leben. Aber wenn etwas nicht gelingt, wenn sie von etwas Bösem hören, fragen sie: Wie kann Gott so etwas zulassen? In diesem Punkt arbeiten wir gewaltenteilig. Wenn uns etwas Gutes gelingt, schreiben wir uns das selbst zu; wenn etwas Böses passiert, schieben wir es irgendwelchen transzendenten Mächten in die Schuhe. Diese Einseitigkeit kann dazu verführen, Gott für eine Feuerwehr zu halten, die immer dann eingreift, wenn wir uns übernommen haben, die im letzten Moment zu Hilfe kommt, wenn es brennt, die also eingreift, um das Schlimmste zu verhindern.

Die meisten Menschen stellen sich Gott wohl nicht so sehr wie einen lieben Vater im Himmel vor, als vielmehr wie einen lieben Großvater im Himmel. Als gütigen alten Mann, der am Ende des Tages sagt: »Hauptsache, es hat allen gefallen.«

Für viele andere ist Gott eine Lebenskraft, die ich spüre, wenn es mir gut geht, und die mich durchpulst. Das hat gewisse Vorteile, weil eine Lebenskraft mir nie reinredet, sondern mir hilft, wenn es mir gut geht, und vielleicht auch, wenn es mir nicht ganz so gut geht. Es kann natürlich sein, daß sie nur meine eigene Stimmung widerspiegelt, aber vor allen Dingen spricht sie keine Gebote und Verbote aus. Der Gott der Bibel aber, der die Welt geschaffen hat, sagt zu bestimmten Dingen ja und zu anderen Dingen nein. Das ist natürlich problematisch!

Wenn wir zu dem anfänglichen Bild zurückkommen, daß der Mensch – zur Gemeinschaft mit Gott geschaffen – dabei ist, in der Trennung von Gott dieses Lebensziel zu verfehlen und im Tod zu enden, dann kann es ja sogar zur Liebe Gottes gehören, wenn er nicht alle unsere Wünsche erfüllt. Wenn er zu bestimmten Dingen nein sagt, damit wir nicht in die Irre gehen. So ist die Formulierung der Zehn Gebote in Alten Testament begründet worden. »Das sage ich euch«, sagte Gott, »damit ihr leben könnt. Wenn ihr euch daran haltet, dann werdet ihr leben.« (5. Mose 4)

Vielleicht geben wir uns mit zu wenig zufrieden, indem wir Gott in seiner Liebe unterschätzen und uns

nicht um ihn kümmern. Manche Menschen haben durch
Leid zur Liebe Gottes und zum Ziel ihres Lebens gefunden.

Die Bibel zum Thema Leid

Wir sind alle schmerzempfindlich, sonst könnten wir gar
nicht leben. Der Schmerz schützt uns vor Verletzungen.
Ein Leprakranker empfindet keinen körperlichen Schmerz;
deshalb kann er sich verletzen, ohne es zu merken. Der
Schmerz ist offenkundig ein Signal, das uns zeigt: Vorsicht,
etwas ist nicht in Ordnung! So könnte es auch im übertra-
genen Sinne sein. Der Schmerz und das Leid können eine
Signalwirkung auf uns haben, damit wir merken, daß
nicht alles in Ordnung ist. Oder daß unsere Sicherheit
nicht ausreicht. Manche erzählen hinterher, daß Leiden
und Schmerzen von Gott gebraucht wurden, damit sie
über ihr Leben nachdachten.

Ein Sprichwort heißt: »Not lehrt beten«, aber genauso
stimmt: »Not lehrt fluchen.« Es ist nicht gesagt, daß jemand, der im Leid ist, deshalb unbedingt nach Gott fragt.
Es kann genau das Gegenteil passieren.

Aber in der Bibel geht es beim Thema Leid und Liebe
Gottes nicht darum, daß wir durch Leiden daran erinnert
werden sollen, Gott zu suchen. Leiden ist nicht in sich selber gut. Es gibt keine Aufforderung in der Bibel, daß wir
leiden sollen, um dadurch Gott zu finden, sondern die Bibel sagt: Gott distanziert sich nicht von dem Menschen, der
sich von Ihm abgesetzt hat. In Jesus Christus ist Gott selbst
in diese Welt gekommen, als sterblicher Mensch. Er, in
dem kein Tod ist, keine Vergänglichkeit, kein Leiden,
kommt in die Leidens- und Vergänglichkeitsstruktur dieser Welt, wird Mensch wie wir. Er lebt als Mensch, und er
stirbt. Er heilt, vergibt Sünden und besiegt den Tod. Des-

halb feiern die Christen Ostern und den Sonntag, weil der Tod nicht das letzte Wort hat. Die Auferstehung Jesu Christi ist das sichtbare Zeichen: Gott steht zu seiner Verheißung, daß es einmal eine neue Welt geben wird, ohne Leid und ohne Tod, daß alles Leiden einmal aufgehoben wird. Das finden wir in den letzten Kapiteln der Bibel.

Jeder, der an Jesus Christus glaubt, hat Zutritt zu dieser neuen Welt und wird durch Gottes Geist zu einer Hoffnung wiedergeboren. Die Trennung von Gott betrifft uns alle, aber es gibt ein Heilmittel dagegen, das Vertrauen auf Jesus Christus, das uns zum ewigen Leben führen wird, in dieser Welt und in der zukünftigen. Das ist die christliche Antwort auf das Leiden. Wir selbst haben nicht die Möglichkeit, Todesstrukturen zu überwinden. Diese Macht hat nur Gott. Wie tut er es?

Jesus Christus sagt einmal (Johannes 3): »Ich versichere dir, nur wer von neuem geboren wird, wird Gottes neue Welt zu sehen bekommen.« Sein Gesprächspartner fragt: »Wie kann ein erwachsener Mensch noch einmal geboren werden? Er kann doch nicht in den Leib seiner Mutter zurückkehren und ein zweites Mal auf die Welt kommen.« Doch Jesus bleibt dabei und fährt fort: »Was Menschen zur Welt bringen, ist und bleibt menschlich. Geistliches, aber kann nur vom Geist Gottes geboren werden.« Die Wege, die wir haben, um leben zu können, enden in der Vergänglichkeit, wenn sie nicht mit Gott verbunden sind, der das Leben geschaffen hat und in dem das Leben ist. Unser Leben bleibt menschlich und vergänglich. Das, was geistlich ist, was Bestand hat, muß vom Geist Gottes kommen.

Das ist also die frohe Botschaft der Bibel: Gott ist in diese Welt des Todes gekommen und hat einen Weg zum Leben gezeigt, den wir gehen können. Manche denken, das sei Wunschdenken oder Jenseitsvertröstung. Alles hängt daran, ob wir glauben können, daß Jesus auferweckt worden ist. Denn durch die Auferweckung zeigt sich, daß Jesus stärker ist als der Tod, und daß er zu seinem Wort steht.

Der Bibel geht es in erster Linie nicht um die Diskussion, woher das Leid kommt.

Was heißt das nun für unser Leben, wenn wir selbst von Leid betroffen sind oder wenn wir Menschen begegnen, die leiden? Wie können wir mit Leid fertig werden?

Existentielle Probleme mit dem Leid

Bis heute gibt es die »Hiobsbotschaften« als Wort für schreckliche Nachrichten. Hiob ist eine Gestalt im Alten Testament, von der man für Begegnungen mit Leid einiges lernen kann. Wenn wir Menschen helfen wollen, die im Leid sind, können wir von Hiobs Freunden lernen.

Das erste ist: Als sie von Hiobs Leid hören, gehen sie zu ihm hin. Die Zeit, die wir für einen Menschen einsetzen, sagt etwas über die Liebe, die wir für ihn haben. Wahrscheinlich ist das Wichtigste für einen Menschen im Leid, daß er einem anderen begegnet, der einfach für ihn da ist.

Wie nah muß man jemandem sein, um ihn zu besuchen? Eine Regel läßt sich dafür natürlich nicht aufstellen. Vielleicht kann man den Kranken direkt fragen, wie es ihm geht, und dabei versuchen herauszuspüren, ob ihm an meiner Gesellschaft liegt. Wenn man dann den Eindruck hat, er oder sie legt auf meine Anwesenheit nicht soviel Wert, kann man auf einen wirklichen Besuch verzichten. Aber man hat signalisiert: Ich bin da, wenn du mich brauchst. Dann kann der andere auch das Thema des Gesprächs bestimmen. Wenn ein Mensch wirklich leidet, muß man es ihm überlassen, ob er darüber oder über ein unpersönlicheres Thema reden will.

Als zweites können wir von Hiobs Freunden lernen, schweigend dazusein. Die Freunde schweigen, als sie erfahren, daß Hiob alles verloren hat, was ihm wichtig war.

Es gibt zwei Wege der Flucht vor dem Leid. Der eine ist, gar nicht erst zu einem Leidenden hinzugehen. Der andere ist, gleich loszureden. Auch das kann eine Flucht sein. Nur keine Stille aufkommen lassen! Gleich reden, damit man keine unangenehmen Fragen hört. Man will versuchen, den anderen zu trösten. Das kann jedoch für den Leidenden so ausgehen wie bei Goethe (Torquato Tasso): »Man spürt die Absicht, und man ist verstimmt.« Ich weiß nicht, ob alle von jemandem getröstet werden wollen, der sich das vornimmt. Vielleicht ist der größere Trost, daß der andere auch nichts zu sagen weiß. Wenn jemand wirklich von einem tiefen Leid betroffen ist, helfen nur Worte, die aus einer gewissen Stille kommen.

Diese beiden Fluchtwege sollten wir also nicht einschlagen. Wenn wir von einem Leidenden hören, sollten wir zu ihm gehen und auch aushalten können, daß wir nichts zu sagen haben.

Es gibt noch mehr, was die Freunde Hiobs tun, aber das ist nicht alles so vorbildlich. Sie stellen zum Beispiel die Frage, ob Hiob nicht selbst schuld sei an seinem Leid. Das ist auch ein beliebtes Spiel, zu erklären: Wenn jemand leidet, ist er wahrscheinlich auch schuld, irgend etwas wird schon dran sein. Ganz so einfach ist das nicht.

In der Bibel steht die Geschichte von einem Blindgeborenen (Johannes 9). Die Jünger fragen Jesus, wer eigentlich schuld daran sei, daß er blind geboren wurde: er selbst oder die Eltern? Man kann daraus sehen, daß die Menschen um Jesus ein Interesse an einem theologischen Problem hatten: Da ist ein Blindgeborener, jetzt müssen wir nur noch fragen, wer schuld ist. Jesus aber heilte diesen Menschen.

Das sind zwei verschiedene Möglichkeiten, mit dem Problem umzugehen.

Auch an anderen Stellen der Bibel kann man sehen, daß wir im Leid nicht zu schnell die Schuldfrage stellen sollen, vor allen Dingen nicht bei anderen Menschen. Es ist bestimmt so, daß manches Leid selbstverschuldet ist, aber wenn das so ist, weiß das der oder die Betreffende auch und muß nicht lange nachgrübeln. Was wir tun können, ist, unsere Zeit geben, hingehen, mit ihnen reden oder auch schweigen, wenn wir nichts zu sagen haben.

Wie aber gehen wir mit unserem eigenen Leid um? Es hat keinen Sinn, sich auszumalen, wie wir uns selbst in bestimmten Leidenssituationen verhalten würden, die wir bei anderen erleben. Zum einen ist das nicht unser Leiden, zum anderen wissen wir nicht, ob es jemals auf uns zukommt und wie wir uns dann tatsächlich verhalten würden. Das ist so, wie wenn man im Geist Brücken baut, aber wenn man in die Situation kommt, ist überhaupt kein Fluß da.

Was mir geholfen hat

Mir selbst haben im Leiden die Freunde geholfen, die mich besucht und Zeit für mich investiert haben, genau wie die Freunde Hiobs.

Außerdem hat mir geholfen, daß ich bereits Christ war, als dieser Unfall passierte, durch den ich meine Familie verlor. Als ich im Krankenhaus zu mir kam, bat ich darum, ein Losungsbuch lesen zu können. Das ist ein kleines Buch, das sehr viele Christen lesen. Dort ist für jeden Tag ein Wort aus dem Alten und dem Neuen Testament aufgeschrieben, dazu noch ein Liedvers oder ein Gebet. Viele

Menschen lesen zu Beginn des Tages darin, und es hilft ihnen, sich auf diesen Tag einzustellen. Ich lese dieses Buch auch, und es hat in meinem Leben oft eine Rolle gespielt. Nicht so, daß ich die Bibel irgendwo aufschlage und sage, so ist es nun heute. Das wäre ein magisches Verständnis von der Bibel. Aber ich habe erlebt, daß bestimmte Worte ganz konkret in meine Situation hineinsprachen.

Deshalb ließ ich mir damals im Krankenhaus dieses Buch geben. Für den Unfalltag fand ich folgenden Satz aus dem Neuen Testament: »Die Gabe Gottes in Jesus Christus ist das ewige Leben« (Römer 6,23). Und als Liedvers dazu: »Sterben heißt, ans Ziel gelangen«. Ich sagte mir: Durch den Tod meiner Familie ist nichts passiert, was ich nicht schon vorher gewußt hätte. Ich wußte, daß ich einmal sterben werde, ebenso wie meine Familie.

Am nächsten Tag stand in der Losung ein Wort aus dem Alten Testament: »Mein Los ist mir auf liebliches Land gefallen« (Psalm 16,6). Das hat mich deshalb so angesprochen, weil es das Lieblingswort meiner Frau war. Ich fand, es drückte sehr gut aus, was es für sie bedeutete, in einer neuen Welt zu sein.

Der dritte Tag hatte als Wort aus dem Buch Hiob: »Haben wir Gott für das Gute gedankt, sollten wir nicht auch das Böse aus seiner Hand nehmen?« (Hiob 2,10). Auch das war ein sinnvolles Wort für mich in diesen Tagen. Ich stellte mir Hiob als einen Menschen vor, der Gott für das dankte, was er ihm geschenkt hatte. Wenn etwas nicht nach seinen Vorstellungen ging, dachte Hiob nicht, das habe mit Gott nichts zu tun. Hiob sah sein *ganzes* Leben als ein Leben vor Gott. Auch in schweren Situationen. Er wußte von Gottes Liebe. Sicher ist es ein Unterschied, ob ich glaube, ein Schicksal wirft mich irgendwohin, oder Gott ist es, den ich als Liebenden erfahren habe, von dem mir jetzt etwas widerfährt, was ich nicht verstehe. In diesem zweiten Fall wissen wir, daß es dafür noch eine Antwort gibt, auch wenn wir sie jetzt noch nicht wissen.

Am nächsten Tag stand ein Wort aus dem Römerbrief in der Losung (Römer 8,38-39). Da schreibt Paulus, daß nichts uns von der Liebe Gottes trennen kann, weder Tod noch Leben.

Diese Worte aus der Bibel haben mir in den Tagen geholfen, die schweren Ereignisse in meinem Leben vor Gott einzuordnen. Es war die Gnade Gottes, daß ich überhaupt auf die Idee kam, dieses Buch aufzuschlagen, und daß die Worte bei mir angekommen sind. Es genügt nicht, sie zu lesen, sondern man muß sich Zeit nehmen und Gott bitten, daß er uns sein Wort aufschließt.

Der Unfall war sicher eine Extremsituation, wie sie viele Menschen nie erleben werden. Bestimmt ist es ein Wunder, daß er mich nicht von meiner Beziehung zu Gott abgebracht, sondern sie eher noch vertieft hat. Es hätte ja auch anders kommen können, obwohl ich bereits einige Jahre Christ war. Bewältigung von Leid geschieht nicht im Hauruck-Verfahren. Es ist ein Prozeß. Auch mein Weg mit Jesus Christus ist ein Prozeß. Auf diesem Weg ist mir das passiert. In dieser Zeit war es für mich keine Frage, ob es Gott gibt oder nicht.

Aber es hätte sein können, daß ich die Worte der Bibel gelesen und nichts davon verstanden hätte. Sicher sind auch viele Worte gesagt worden, die mir zum einen Ohr rein- und zum anderen wieder rausgingen.

In den Freunden und den Worten der Bibel ist mir Gott begegnet. Das ist wohl ein besonderes Zeichen seiner Liebe.

Ich möchte diese Überlegungen mit einem Text abschließen, der uns helfen kann, die Liebe Gottes und das Leid der Welt zusammenzubekommen.[39]

Die Gerichtsverhandlung

Am Ende der Zeit versammelten sich Millionen von Menschen auf einer riesigen Ebene vor dem Thron Gottes. Viele von ihnen schauten ängstlich in das helle Licht, das ihnen entgegenstrahlte, aber es gab auch einige Gruppen von Menschen, die sich hitzig miteinander unterhielten. Die Umgebung schien sie nicht zu beeindrucken.

»Wie kann Gott über uns zu Gericht sitzen? Was versteht er schon von unseren Leiden?« fauchte eine junge Frau. Sie zog einen Ärmel hoch und zeigte eine eintätowierte Nummer aus einem Konzentrationslager.

Aufgeregt öffnete ein farbiger junger Mann seinen Hemdkragen. »Schaut euch das an«, forderte er seinen Nachbarn auf. Am Hals sah man das häßliche Mal eines Stricks. »Gelyncht wurde ich nur darum, weil ich schwarz bin. In Sklavenschiffen hat man uns erstickt. Von unseren Liebsten hat man uns getrennt, wie die Tiere mußten wir arbeiten, bis der Tod uns die Freiheit schenkte.«

Überall auf der Ebene wurden jetzt ärgerliche Stimmen laut. Jeder richtete Klagen an Gott, weil er das Böse und das Leiden in der Welt zugelassen hatte. Wie gut hatte es Gott doch, im Himmel in all der Schönheit und Heiligkeit zu wohnen. Dort gab es keine Tränen, keine Furcht, keinen Hunger und keinen Haß. Ja, konnte sich Gott überhaupt vorstellen, was der Mensch auf der Erde erdulden mußte? Schließlich führte er selbst doch ein recht behütetes Dasein, fanden sie.

Es bildeten sich Gruppen, und jede wählte einen Sprecher. Immer war es derjenige, der am meisten gelitten hatte. Da war ein Jude, ein Schwarzer, ein Unberührbarer aus Indien, ein unehelich Geborener, ein entstellter Leprakranker, ein Opfer aus Hiroshima und jemand aus einem

Arbeitslager in Sibirien. Sie diskutierten aufgeregt miteinander. Schließlich waren sie sich in der Formulierung ihrer Anklage einig. Der Sachgehalt war ganz einfach. Bevor Gott das Recht hatte, sie zu richten, sollte er das ertragen, was sie ertragen mußten. Ihr Urteil: Gott sollte dazu verurteilt werden, auf der Erde zu leben als Mensch. Aber da Gott ja Gott war, hatten sie bestimmte Bedingungen aufgestellt. Er sollte keine Möglichkeiten haben, auf Grund seiner göttlichen Natur sich selbst zu helfen, und dazu hatten sie sich folgendes ausgedacht: Er sollte als Jude geboren werden. Die Legitimität seiner Geburt sollte zweifelhaft sein. Niemand sollte wissen, wer eigentlich der Vater war. Er sollte versuchen, den Menschen zu erklären, wer Gott sei. Er sollte von seinen engsten Freunden verraten werden. Er sollte aufgrund falscher Anschuldigungen angeklagt werden, von einem voreingenommenen Gericht verhört und von einem feigen Richter verurteilt werden. Schließlich sollte er selbst erfahren, was es heißt, völlig allein und verlassen von allen Menschen zu sein. Er sollte gequält werden und dann sterben, und das sollte in aller Öffentlichkeit geschehen, und zwar so schrecklich, daß kein Zweifel daran bestehen konnte, daß er wirklich gestorben war. Dazu sollte es eine riesige Menge von Zeugen geben, die das bestätigten.

Während jeder Sprecher seinen Teil des Urteils verkündete, erhob sich ein Raunen in der riesigen Menschenmenge. Als der letzte Sprecher seinen Urteilsspruch abgeschlossen hatte, folgte ein langes Schweigen, und alle, die Gott verurteilt hatten, gingen plötzlich leise fort. Niemand wagte mehr zu sprechen. Keiner bewegte sich, denn plötzlich wußte es jeder: Gott hatte die Strafe ja schon auf sich genommen.

ANMERKUNGEN

1   Aus: H. Diels, Die Fragmente der Vorsokratiker. Fragment 45
2   O. Marquard, Abschied vom Prinzipiellen, Stuttgart 1981, S. 14
3   Zum Thema Vertrauen: W. Pannenberg, Was ist der Mensch? Göttingen 1972, S. 23ff
4   H. Schelsky, Die skeptische Generation. Eine Soziologie der deutschen Jugend, Frankfurt 1975. Gute Zusammenfassung der Thesen bei O. Marquard, s.o., S. 5ff
5   L. Kolakowski, Die Sorge um Gott in einem scheinbar gottlosen Zeitalter, in: H. Rössner (Hrsg.), Der nahe und der ferne Gott, Berlin 1981, S. 10
6   S. Kettling, Toleranz und Wahrheit, wie Hund und Katze? Wuppertal 1981, S. 9ff
7   Vgl. zum Folgenden J. Pieper, über die Hoffnung, München 1977 und J. Pieper, Hoffnung und Geschichte, München 1967
8   J. Habermas, Legitimationsprobleme im Spätkapitalismus, Frankfurt 1973, S. 165
9   Kurt Marti, leichenreden, Frankfurt, 11. Auflage 1987, S. 63
10 Zur Frage nach der Historizität der Apostelgeschichte im Vergleich zu anderen antiken Geschichtswerken siehe das ausgezeichnete Buch von C. Hemer, The Book of Acts in the Setting of Hellenistic History. Wissenschaftliche Untersuchungen zum Neuen Testament, Bd. 49, Tübingen 1989
11 Beispiel aus C.S. Lewis, Pardon – ich bin Christ, Gießen 1982, S. 47f
12 D. Bonhoeffer, Widerstand und Ergebung, 3. Auflage der Neuausgabe 1970, München 1985, S. 125f
12 Zum Folgenden C. S. Lewis, Pardon – ich bin Christ, S. 159ff. Bilder und Beispiele von C. S. Lewis helfen oft durch ihre Anschaulichkeit; vgl. J. Spieß, Nach der Wahrheit fragen, Gießen 1986
14 Zum Folgenden J. Pieper, Zustimmung zur Welt, München 1969
15 Siehe J. Spieß, Ist Jesus auferstanden? Marburg 1987
16 J. A. T. Robinson, Wann entstand das Neue Testament? Paderborn/ Wuppertal 1986; R. Wegner (Hrsg.), Die Datierung der Evangelien, Paderborn 1983; C.P. Thiede, Die älteste Evangelienhandschrift? Wuppertal 1986
17 Belege bei E. Stauffer, Jesus-Gestalt und Geschichte, Bern 1957, S. 163f
18 L. Feuerbach, Das Wesen des Christentums, Berlin 1973, S. 136
19 Hierzu C. S. Lewis, Wunder, Gießen 1980 S. 89ff
20 C.F.v. Weizsäcker, Die Einheit der Natur, München, 3. Aufl. 1987, S. 122
21 M. Planck, Wissenschaftliche Selbstbiographie, Leipzig 1948, S. 22

[22] H. P. Dürr, Das Netz des Physikers, München 1988, S. 26ff

[23] Zum Folgenden P. Hägele, Tragweite und Grenzen erfahrungswissenschaftlicher Aussagen – Ein Physiker spricht über Gott, Marburg 1989

[24] L. Wittgenstein, Tractatus logico philosophicus, Frankfurt 1983, S. 110

[25] P. Hägele, S. 7

[26] F. Dostojewski, Tagebuch eines Schriftstellers, Darmstadt 1966, S. 255

[27] A. Camus, Der Mythos von Sisyphos, Hamburg 1968, S. 14

[28] H. Krings, Sokrates überlebt. Zum Verhältnis von Evolution und Geschichte, in: P. Koslowski (Hrsg.) Evolution und Freiheit, Stuttgart 1984, S. 162ff. Zur Frage der Evolution aus philosophischer Sicht: R. Spaemann (Hrsg.), Evolutionstheorie und menschliches Selbstverständnis, Weinheim 1984

[29] R. Spaemann, Christliche Hoffnung und weltliche Hoffnungsideologien, in: Communio 2/1988, S. 174

[30] J.P. Sartre, Ist der Existentialismus ein Humanismus? Frankfurt 1975, S. 22

[31] E. Fromm, Die Kunst des Liebens, Frankfurt 1980, S. 61

[32] F. Nietzsche, Werke, Bd. 3, München 1966, S. 844

[33] Vgl. zum Folgenden R. Spaemann, Moralische Grundbegriffe, München 1982, S. 11

[34] D. Sayers, Der Glockenschlag, Tübingen 1979, S. 139

[25] K. Tucholsky, Zwischen Gestern und Morgen, Hamburg 1972, S. 126

[36] P. Berger, Auf den Spuren der Engel, Frankfurt 1981, S. 65ff

[37] Zu Folgendem C.S. Lewis, Über den Schmerz; H. Risch, Gott tröstet, 7. Aufl., Wuppertal 1989; G. Bergmann, Leid und Trost, Neuhausen 1982, R. Spaemann, Vom Sinn des Leidens, in: Christliche Einsprüche, Einsiedeln 1977, S. 116ff

[38] J. Pieper, Über den Begriff der Sünde, München 1977, S. 27

[39] R. Amstrong, in Entscheidung Nr. 84, 1977

Weiterführende LITERATUR

Gerhard Bergmann, Jesus Christus oder Buddha, Mohammed, Hinduismus? Schriftenmissions-Verlag Neukirchen-Vluyn, 9. Aufl. 1988

Michael Green, Jesus – wer ist das? R. Brockhaus Verlag, Wuppertal 1992

Karl Heim, Gesamtwerk, Bd. 6: Weltschöpfung und Weltende. Die Weltzukunft im Lichte des biblischen Osterglaubens, Aussaat Verlag Wuppertal, 2. Aufl. 1976

Karl Heim, Das Heil der Welt. Die Botschaft der christlichen Mission und die nichtchristlichen Religionen, Brendow Verlag, Moers 1986

C. S. Lewis, Wunder. Möglich – wahrscheinlich – undenkbar? Brunnen Verlag Gießen, 3. Aufl. 1987

C. S. Lewis, Pardon – ich bin Christ. Meine Argumente für den Glauben. Brunnen Verlag Basel, 6. Aufl. 1988

C. S. Lewis, Über den Schmerz, Brunnen Verlag, Gießen 1988

C. S. Lewis, Was der Laie blökt. Essays übers Christentum, Johannesverlag Einsiedeln, 3. Aufl. 1985

Horst G. Pöhlmann, Der Atheismus oder der Streit um Gott, Gütersloher Verlagshaus, Gütersloh, 5. Aufl. 1986

Rainer Riesner, Jesus als Lehrer. Eine Untersuchung zum Ursprung der Evangelienüberlieferung, J.C.B. Mohr, Tübingen, 3., erw. Aufl. 1988

John A.T. Robinson, Wann entstand das Neue Testament? Bonifatius Druckerei, Paderborn/R. Brockhaus Verlag Wuppertal und Zürich 1986

Wolfgang Schadewaldt, Die Zuverlässigkeit der synoptischen Tradition, in: Theologische Beiträge 5/1982, S. 201ff

James W. Sire, Die Welt aus der Sicht der anderen, Neuhausen 1984

Jürgen Spieß, Alles relativ, R. Brockhaus Verlag, Wuppertal 1992

Jürgen Spieß, Aus gutem Grund. Warum der christliche Glaube nicht nur Glaubenssache ist, R. Brockhaus Verlag, Wuppertal 1998

Jürgen Spieß, Nach der Wahrheit fragen. Antworten von C.S. Lewis, Brunnen Verlag Gießen, 2. Aufl. 1986

Hugo Staudinger, Die historische Glaubwürdigkeit der Evangelien, R. Brockhaus Verlag Wuppertal und Zürich, 5., überarb. Aufl. 1988

Franz Stuhlhofer, Jesus und seine Schüler: Wie zuverlässig wurden Jesu Worte überliefert? Brunnen Verlag, Gießen 1991

Philip Yancey, Der unbekannte Jesus. Entdeckungen eines Christen, R. Brockhaus Verlag, Wuppertal 1997

Jürgen Spieß ist Herausgeber der neuen Buchreihe des **Instituts für Glaube und Wissenschaft.**

Wir empfehlen Ihnen aus dieser Reihe:

Ulrich Eibach

Gentechnik und Embryonenforschung - Leben als Schöpfung aus Menschenhand?
Eine ethische Orientierung aus christlicher Sicht

240 Seiten, Paperback, Bestell-Nr. 224 359

Bei kaum einem Thema ist die Verunsicherung so groß wie beim Themenkreis Gentechnik. Betreten wir damit nicht Terrain, das Gott vorbehalten bleiben sollte?
Ulrich Eibach bietet zu diesen doch oft beängstigenden Fragen in bewährter Weise kompetente Antworten. Neben dem Themenkomplex der Gentechnik geht er dabei auch auf Entwicklungen der Embryonenforschung ein.

John Lennox

Hat die Wissenschaft Gott begraben?
Eine kritische Analyse moderner Denkvoraussetzungen

144 Seiten, Paperback, Bestell-Nr. 224 358

Der durch viele Vorträge auch in Deutschland bekannt gewordene irische Wissenschaftler John Lennox geht in diesem Buch den Voraussetzungen der modernen Naturwissenschaften auf den Grund. Dabei steht das Thema „Schöpfung und/oder Evolution" im Mittelpunkt.